MACAU

マカオ行ったらこれ食べよう!

地元っ子、旅のリピーターに聞きました。

伊能すみ子

誠文堂新光社

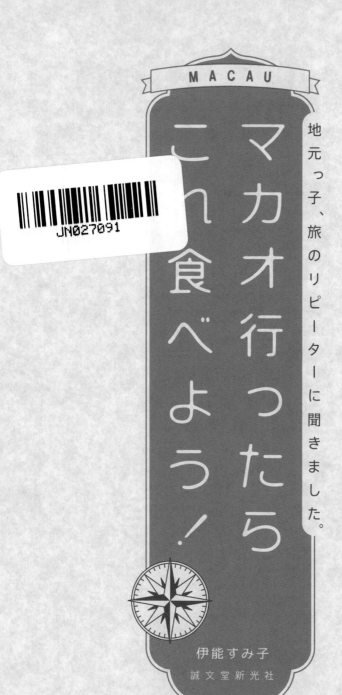

好好味！

アジアの地域でマカオほどアジアとヨーロッパのテイストが
混在している街はありません。

中国料理も、ポルトガル料理も、マカオ料理も、
現地の人たちの胃袋を満たしてくれるものです。

この本では、そのことを意識して料理を選びました。
初めてマカオを訪れた人に、東西文化が混在する街の印象を
食でも同じように感じてほしいからです。

近代的なホテルの高級レストランから大衆食堂のような店まで
たくさんありますが、昔ながらの食堂が今もマカオの食の中心です。

朝刊を熱心にみている人たちと同じ空間でお粥を食べたり、
現地の人たちに交じって涼茶にチャレンジしてみたり、
そんな日常をマカオで楽しんでください。

マカオという街、そして食の魅力を知る最初の一歩に
この本がなってくれたら、すごく嬉しいです。

伊能すみ子

大教堂咖啡
澳門

南華貿易行
ding Company
記
品有限公司
375437

さあ、なに食べよう。

目次

80 カレーいろいろ

94 小腹にドン

112 おやつ

[本書について]

※本文では体験者の旅の思い出を含んだ料理についてのコメントを、memoではその料理についての解説を掲載してあります。

※各ページに掲載している参考価格は2019年11月現在のものです。時期や店、地域によって異なります。

※参考価格は現地通貨MOP（パカタ）で掲載しています。

※料理の読み方は現地でポピュラーな発音にしてあります。

※ポルトガル料理の流れをくむメニューはポルトガル語も併記しています。

※店ごとにアレンジしたメニュー名があるので、紹介している料理名と写真の料理名が異なる場合があります。

広東語で考えるオーダーのコツ

広東料理の名前には、いくつかの法則があるので覚えておくと便利。単純な法則としては、「焼沙甸魚」のように「焼（調理法）＋沙甸魚（食材）」となる。さらに、切り方や状態、形状などの文字の組み合わせでその料理を表現する。広東語は理解しやすい文字も多いので、よく見ておこう。

調理法

炒《チャウ》
短時間で炒めること。
馬介休炒飯
（バカリャウのチャーハン）

煲《ポウ》
土鍋で長時間煮込むこと。
猪骨煲
（豚骨の煮込み鍋）

焼《シウ》
直火で炙り焼くこと。
焼鵝
（ガチョウのロースト）

煎《チィン》
少量の油で両面を焼くこと。
煎肉餅飯加太陽蛋
（目玉焼きのせハンバーグごはん）

貼《ティッ》
少量の油で片面を焼くこと。
鍋貼
（焼きギョーザ）

炸《ジャー》
たっぷりの油で揚げること。
炸馬介休球
（バカリャウのコロッケ）

椒鹽《チウイム》
塩とコショウで味付けした揚げ物。
椒鹽九肚魚
（魚のフライ）

味付け・調味料

滷《ロウ》
醤油や麹などで調味した汁に香料を加え、加熱後、冷まして食材に味を浸透させること。
三拼飯
（肉3種盛り合わせごはん）
※鴨の砂肝に使用

焗《ゴッ》
オーブンで蒸し焼きにすること。
焗鴨飯
（オーブン焼きごはん）

蒸《ゼン》
蒸気を利用して蒸すこと。「清蒸」ならば、材料を皿にのせて強火で一気に仕上げること。
清蒸石斑魚
（蒸し魚）

甜《ティム》
砂糖や素材などの甘み。
甜酸排骨
（甘酢風味のスペアリブ）

蠔油《ホウヤウ》
牡蠣の茹で汁に調味料を合わせて作るオイスターソースのこと。
蠔油菜
（青菜のオイスターソースがけ）

豉油《シーヤウ》
しょうゆのこと。
豉油雞翼
（手羽先の醤油煮込み）

沙爹《サーテイ》
干しエビやニンニク、油などから作る調味料。
沙爹雞球炒麵
（サテ風味のかた焼きそば）

辣椒《ラッチウ》
トウガラシの辛みある料理。
辣椒肉碎飯
（ひき肉の炒めごはん）

絲《シー》
薄切り（片）にしてさらに細く切り分ける。
雞絲翅
（鶏肉のスープ）

切《チッ》
包丁を垂直におろす、もっとも基本的な切り方。
白切雞
（蒸し鶏）

切り方・状態

腐乳《フーユィ》
豆腐を発酵させた調味料。
腐乳蟹
（蟹の煮込み）

紅醋《ホンチョウ》
もち米と紅麹で作った酢。
麺や粥にかける調味料。

配《プイ》

食材を組み合わせること。

黒白配

（キクラゲと豚皮を合わせたもの）

球《カウ》

球状に丸めたもの。

炸馬介休球

（バカリャウのコロッケ）

餅《ベン》

食材をこねて平たく伸ばしたもの。

香煎鮮墨魚餅

（イカのさつま揚げ）

拼《ペン》

料理（食材）を一緒に合わせたもの。

三拼飯

（肉の３種盛りごはん）

撕《シー》

包丁を使わずに割くこと。

手撕雞

（手で割いた鶏肉）

炭水化物系

公仔麵《ゴンザイミン》

インスタント麺

雞蛋公仔麵

（卵のせ麺）

凍《ドン》

冷たくしたもの。

凍咖啡

（アイスコーヒー）

熱《イッ》

熱くしたもの。

熱咖啡

（ホットコーヒー）

糕《コウ》

米粉や小麦粉などで作った塊状や板状のもの。

芒果椰汁糕

（マンゴーとココナッツのデザート）

酥《ソー》

層になったパイ状のもの。

千層酥皮角

（パイ）

腸粉《チョンファン》

米粉を蒸したクレープ状のもの。

布拉腸粉

（ライスクレープ）

包《バウ》

生地で具材を包んだもの。

生煎包

（焼きまんじゅう）

米線《マイシン》

米粉で作った麺。

椰汁雞麵

（ココナッツチキン麺）

意粉《イーファン》

パスタのこと。

鮮茄豬扒意

（豚肉のトマトパスタ）

ほかにもいろいろ

糊《ウー》

粘度のある状態。

芝麻糊

（ゴマの汁粉）

多士《トゥシ》

トーストのこと。

西多士

（フレンチトースト）

三文治《サンマンチ》

サンドウィッチのこと。

叉燒蛋三文治

（チャーシューと卵のサンドウィッチ）

粽《ゾン》

うるち米やもち米などで作った、ちまきのこと。

粽

（肉入りや小豆入りのちまき）

餐《チャン》牌《パイ》

メニュー

艇仔《テンザイ》

魚介系がたくさん入っていること。

艇仔粥

（魚介入りの粥）

及第《カプタイ》

臓物系がたくさん入っていること。

及第粥

（臓物入りの粥）

全餐《チュンチャン》

種類問わず複数の具材。

全餐麵

（数種類の具材を入れた麺）

浄《ゼン》

具材や麺のみの単品料理。

浄雲呑

（ワンタン）

わかると便利な単語集

肉類

雞肉
鶏肉

豬肉
豚肉

乳豬
仔豚肉

牛肉
牛肉

鵝肉
ガチョウ肉

鴨肉
カモ肉

鴿肉
ハト肉

乳鴿
仔ハト肉

火腿
ハム

叉燒
チャーシュー

臘腸
中華ソーセージ

葡國腸
チョリソー

燒肉
豚肉のクリスピー焼き

肉丸
豚肉だんご

肉の部位

肥肉
脂身

瘦肉
赤身

牛腩
牛バラ肉

牛什
牛モツ

豬扒
豚ロース肉

豬肝
豚の肝

豬皮
豚の皮

雞翼
手羽先

雞腳·鳳爪
鶏足先

排骨
骨付き肉

肚
胃袋

魚介類

蝦
エビ

墨魚
イカ

八爪魚
タコ

蟹
カニ

石斑魚
ガルーパ

沙甸魚
イワシ

三文魚
サーモン

九肚魚
テナガミズテング

鯇魚
ソウギョ

瀨尿蝦
シャコ

海蜇
クラゲ

魚翅
フカヒレ

蜆
アサリ

蟶子
マテ貝

蠔
カキ

元貝
ホタテ

鮑魚
アワビ

花螺
バイ貝

馬介休
バカリャウ

野菜系

通菜
空心菜

芥蘭
カイラン

小棠菜
チンゲンサイ

娃娃菜
ミニハクサイ

白菜
ハクサイ

白菜仔
パクチョイ

菠菜
ホウレンソウ

莧菜
ヒユナ

雪糕
アイスクリーム

蛋糕
ケーキ

西米
タピオカ

涼粉
仙草ゼリー

朱古力
チョコレート

奶黄
カスタード

紅豆
アズキ

花生
ピーナツ

咖啡
コーヒー

奶茶
ミルクティー

鴛鴦
コーヒーと紅茶のミックス

檸檬蜜
ハチミツレモン

可樂
コーラ

香片茶
ジャスミン茶

普洱茶
プーアール茶

榴槤
ドリアン

龍眼
ロンガン

荔枝
ライチ

山竹
マンゴスチン

杏仁
アンニン

合桃
クルミ

……卵・乳製品……

雞蛋
タマゴ

皮蛋
ピータン

牛奶
牛乳

芝士
チーズ

牛油
バター

……スイーツ・飲料……

布甸
プリン

撻
タルト

茄子
ナス

辣椒
トウガラシ

木耳
キクラゲ

銀耳
白キクラゲ

芝麻
ゴマ

……フルーツ系……

芒果
マンゴー

木瓜
パパイヤ

檸檬
レモン

西瓜
スイカ

蘋果
リンゴ

菠蘿
パイナップル

香蕉
バナナ

橙
オレンジ

椰子
ココナッツ

唐生菜
チャイニーズレタス

生菜
レタス

西蘭花
ブロッコリー

勝瓜
トカドヘチマ

冬瓜
トウガン

洋蔥
タマネギ

蔥
ネギ

韭黄
黄ニラ

蒜頭
ニンニク

薑
ショウガ

蘿白
ダイコン

薯仔
ジャガイモ

冬菇
シイタケ

粟米
トウモロコシ

蕃茄
トマト

指さしにどうぞ、メニュー一覧

本書に掲載した主な料理を系統ごとに分類した。
注文時に指さしで使っても、何系を食べるか迷った時の参考にも。

マカオ料理

マカオ文化から生まれた料理

焼雞醸飯《シウガイヨンファン》
Galinha Com Arroz Cozido Portuguesa P.34

咖喱蟹《カーリーハイ》
Caril de Caranguejo P.87

葡國雞《ポウゴッガイ》
Galinha à Portuguesa P.86

咖喱牛腩麵《カーリーアウナムミン》
P.84

免治豬肉《ミンチチューヨッ》
Minchi P.50

大雜燴《ダイザッウイ》
Tacho P.48

馬介休炒飯《マーガイヤウチャウファン》
Arroz Frito Bacalhau P.38

広東料理

芙蓉蛋飯《フーヨンダーンファン》
P.39

三拼飯《サームペンファン》
P.36

雲呑麵《ワンタンミン》
P.28

牛腩撈麵《アウナムロウミン》
P.24

蠔仔麵《ホウザイミン》
P.20

點心《ディムサム》
P.98

冰鎮蝦《ベンジャンハー》
P.67

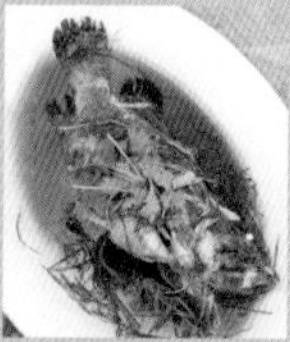

清蒸石斑魚《チェンゼンセッバンユー》
P.66

燒鵝《シウオー》
P.56

蟹粥《ハイチョッ》
P.42

豬肝肉丸粥《チューゴンヨッユンチョッ》
P.40

芒果椰汁糕《モングォイエチャッコウ》
P.123

楊枝甘露《ヨンチーカムロウ》
P.119

杏汁燕窩桃膠燉椰皇《ハンチャッインオウトウガウダンイエウォン》
P.118

薑汁撞奶《キョンチャッチョンナイ》
P.114

鍋貼＋生煎包《ウォッティッ＋サンチンパウ》
P.106

布拉腸粉《ボウライチョンファン》
P.102

芝麻糊《ジーマーウ》
P.124

ポルトガル料理

紅豆豬手《ホンダウチューサウ》
Feijoada P.55

燒牛扒《シウアウバー》
Bife Grelhado P.54

豬耳沙津《チューイーサーロッ》
Salada de orelha P.52

焗鴨飯《ゴッアッファン》
Arroz de Pato no Forno P.41

葡撻《ポウタッ》
Pastel de Nata P.116

千層酥皮角《チンツァンソーベイコッ》
Pastel de Carne P.107

燒沙甸魚《シウサーディンユー》
Sardinhas Assadas P.75

白酒炒蜆《バッザウチャウヒン》
Améijoas à Portuguesa P.73

薯絲馬介休《シューシーマーガイヤウ》
Bacalhau à Brás P.72

炸馬介休球《ジャーマーガイヤウカウ》
Pastéis de Bacalhau P.68

沙爹雞球炒麵《サーテイガイカウチャウミン》
P.26

鮮茄豬扒意《シンケーチューパーイー》
P.25

全餐麵《チュンチャンミン》
P.23

こってり

ローカル料理

アレンジをきかせた料理・その他いろいろ

木糠布丁《モッホンボウディン》
Serradura P.122

咖喱魚蛋《カーリーユーダーン》
P.90

咖喱雞翼麵《カーリーガイイッミン》
P.89

咖喱角《カーリーコッ》
P.88

椰汁雞麵《イエチャッガイミン》
P.82

豬骨煲《チューグワッボウ》
P.53

蟹黃撈麵《ハイウォンロウミン》
P.27

雞蛋公仔麵《ガイダーンゴンザイミン》
P.22

豆腐麵《ダウフーミン》
P.18

あっさり

豬扒包《チューパーバウ》
P.100

西多士《サイトゥシ》
P.96

摩囉雞飯《モーローガイファン》
P.92

叉燒蛋三文治《チャーシウダーンサンマンチ》
P.101

香煎鮮墨魚餅《ヒョンチィンシンマッユーベン》
P.74

トト蜆《ボッボッヒン》
P.70

椒鹽九肚魚《チウイムガウトウユー》
P.64

手撕雞《サウシーガイ》
P.57

煎肉餅飯加太陽蛋《ティンヨッペンファンガータイヨンダーン》
P.32

減蛋金錢餅《ハンダーンガムチンベイ》
P.125

雪糕《シュコウ》
P.121

沙翁《サーヨン》
P.120

椒鹽粟米《チウイムソッマイ》
P.105

雞絲翅《ガイシーチー》
P.104

異国情緒あふれる
マカオってどんなところ？

東洋と西洋の歴史交差点

マカオは中国の特別行政区のひとつ。中国のノスタルジックな街並みがあるかと思えば、1999年まで影響下にあったポルトガルのエキゾチックな街並みがひょっこり顔を出す。食も同様に、中国料理やポルトガル料理、食のミックスカルチャーを特徴づけるマカオ料理があり、ワクワクが止まらない。

【マカオ半島】

南部は、ユネスコ世界文化遺産の歴史市街地区やカジノホテル、カラフルな洋風建物がある観光の中心。レストランやストリートフードも多彩。一方、北部は中国色が濃い日常の生活が垣間見える。大衆食堂や市場など、新たなマカオの魅力を発見できる。

【タイパ】

ストリートフードや特産店で賑わう「官也街」。カフェやポルトガルレストランも名店揃い。

【コタイ】

世界屈指のエンターテインメントエリア。総合型リゾート（IR）施設群が立ち並び、五つ星ホテルや高級レストランの煌びやかさは圧巻。

【コロアン】

のどかな漁村の暮らしが息づく自然保護地区。カフェやレストランは少ないが、地元の人に交じってのんびり過ごそう。

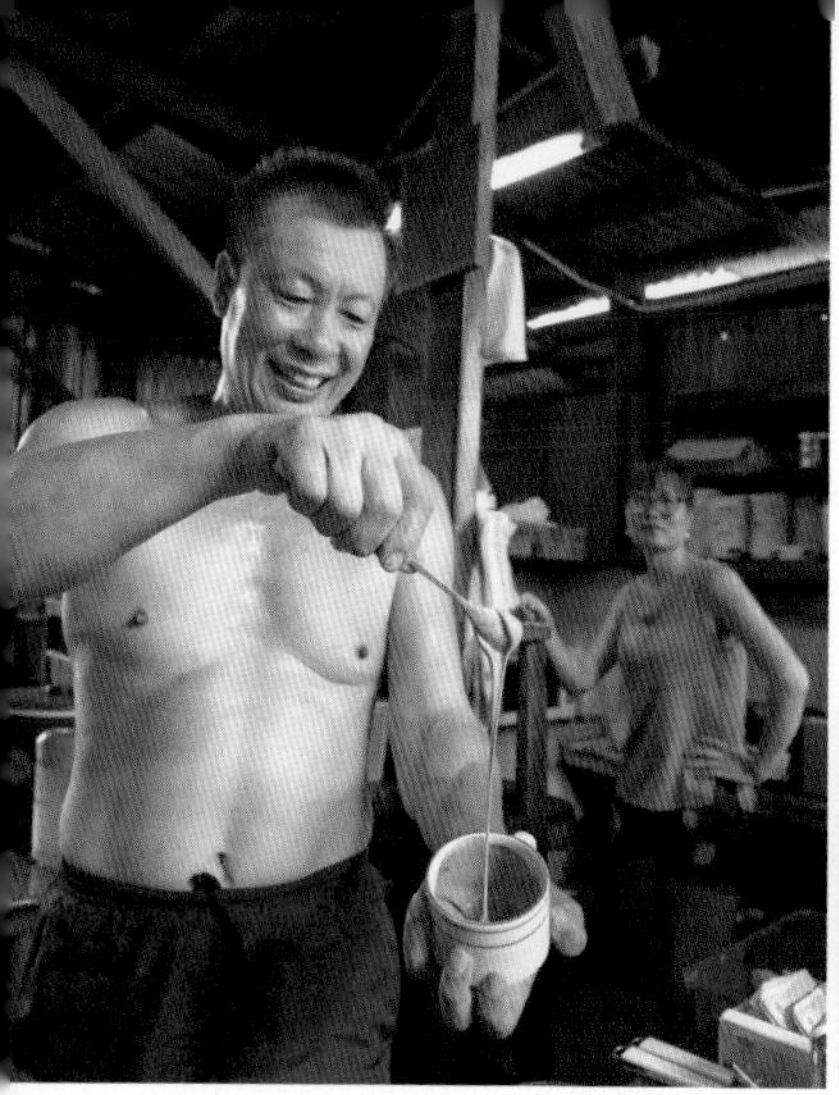

マカオにおいて東西文化が融合する大きなきっかけとなったのが、15 世紀以降の大航海時代。ポルトガル人の冒険家や商人たちが、アフリカ、インド、マレー半島を経由して、マカオに食材や文化をもたらした。貿易港として発展したことで、ポルトガル人が定住し、本国を模した街づくりが始まった。

まさに大航海時代の味

【究極のフュージョン料理】

ミンチィ、アフリカンチキンなど、マカオならではの料理がたくさん。インドから伝わったスパイスやマレー半島から持ち込まれたココナッツなどの食材はマカオ料理に欠かせない。ポルトガル料理をベースに、広東料理の調理法や食材がミックスされている。

食文化の継承はマカオの宝

【マカオに根付くマカエンセ】

マカエンセとは、マカオに定住したポルトガル人と現地の人々との間に生まれた子孫の呼び名。彼らによって家庭料理として継承されているのが、中国とポルトガルの特徴が入り混じるマカエンセ料理だ。その味はレストランで提供されることで、マカオ料理として広く知られるようになった。シェフたちは、料理を通して、マカエンセであることの誇りを表現している。（「老地方」のアンナ・ソーさんもマカエンセのシェフのひとり）

麺もの

細麺か太麺か、小麦麺か米粉麺か、スープ麺か汁なし麺か。同じ料理でも、麺の違いでその印象が変わるからおもしろい。厨房から一投入魂！小さな店でもメニューが豊富で、大いに迷う。今日の気分はさっぱり系かこってり系か。毎日食べてもキリがない。

豆《ダウ》腐《フー》麺《ミン》

絹ごしの上をいく優しすぎる食感

その昔は屋台メニューとして、マカオの人たちの胃袋を満たしていた60年以上変わらぬ大衆の味。「そうそう、この香ばしさがいい」。この豆腐麺を食べるたびにそう思う。

豆腐は大豆から搾った豆乳にしっかり火を通すことで、香ばしさが生まれる。決して焦げた味ではなく、ふんわりと香る程度。食べ慣れた日本の豆腐の味と比べると、その違いを知るだけでおもしろい。豆腐を口に入れた瞬間、スーッと溶ける優しすぎるその食感もお見事。コシのある細麺は、決して豆腐の食感をジャマせず、スープもあっさり味。豆腐の上にかけられた出汁の効いた餡も優しい加減。豆腐そのものの味で勝負！　というのがかっこいい。

そういえば、豆腐から出たおからはどうするのかと思えば、マカオはおからを食べる習慣がなく、使い道もないそうだ。

左上／のんびりランチタイムを楽しむひとり客も多い。右上／店内奥にある工房ですべて手作りされている。右中／豆腐花は型に入れず、すくい上げる。冷たいタイプもある。　右／「豆腐花」（MOP8）。優しい温かさがあり、甘いシロップでいただく。

現地の人はこう食べる。

★豆腐は柔らかいので、箸よりもレンゲでパクッ。

★家で食べるためテイクアウトする人が多数。アプリを利用して、ランチのデリバリーを頼む近隣企業も多い。

★麺を平打ち麺や米麺に変えて、変化をつけたりする。

★大豆を搾った豆乳も濃厚。自宅用に購入する人も。

memo

麺を入れずに豆腐だけのオーダーもできる。また、その日搾った豆乳も人気。豆腐花や豆乳プリンなども手作りしていて、シロップや練乳で甘く味付けするなど工夫を凝らしている。マカオで豆腐専門店は少ないながらも、小さな子どもからお年寄りまで幅広い年代に愛される味だ。

参考価格：豆腐麵　MOP21。MAP ▶ P.138 D 19

蠔《ホウ》仔《ザイ》麺《ミン》

小粒でもうま味は抜群のカキ入り麺

どんなカキかと想像していたが、実際に目の前に現れたのは、なんともかわいらしい2cmほどの小粒のカキ入りの麺。大ぶりのカキを見慣れているだけに、正直、期待はしていなかったが、小粒のうま味パワー炸裂であった。

スープは海鮮の出汁かと思えば、意外にも豚骨ベース。でも日本のものほど白濁していない。小粒のカキを多用する潮州料理ならではのさっぱりとした味。周りのテーブルを見ても、カキ麺を食べている人がほとんどだ。この麺には大量の揚げニンニクと青ネギが欠かせない。特に揚げニンニクはスープに染み込み、最後の一滴までその存在感は薄れない。

さっぱりとしていて、ヘルシーかと思えば、「カキは小さいけれど、脂肪がたっぷりあるから、ダイエットには向かないよ」と笑いながらスタッフが教えてくれた。

左上／店内の厨房。常に湯気が立ち込めるその様子は麺屋さんおなじみの光景。　右上／評判のつみれが入った麺。香味油が味を引き立てる。　右／テーブルに置いてある青唐辛子の甘酢漬け。これが好きという現地の人も多い。2～3粒でも十分辛い。

現地の人はこう食べる。

★青唐辛子の甘酢漬けを入れて食べる。

★麺を入れずに、カキとスープのみを楽しむ人も多い。

★小ぶりな碗なので、小腹が空いたおやつ時にも便利。

★麺は4種類。サイズも小、中、大とあり、14種類の具材からサイズごとに4種類までチョイスできる。

memo

蠔仔麺は潮州式の麺料理。海産物が豊富な広東省・潮州は、小粒なカキが定番だ。マカオでも同州及び近海のカキが手に入る。麺を選べる店ならば、太い麺の「河粉」よりも細い麺の「米線」の方が小粒のカキとよく絡んでおすすめ。カキと挽き肉が入った「蠔仔肉碎麺」や、お粥にも使われていて、大衆食堂で食べることができる。

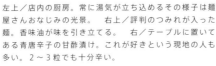

参考価格：蠔仔麺　小/MOP26。MAP ▶ P.136 Ⓐ8

雞《ガイ》蛋《ダーン》公《ゴン》仔《ザイ》麵《ミン》

出前一丁はインスタント麵界のアイドル

マカオや香港では、インスタント麵=出前一丁というくらいに偉大な存在だ。その人気は店舗メニューにもあるほどで、食べてみると「こんなにおいしかったっけ?」と嬉しい再発見。店によってアレンジバージョンも多々あり、この店では、マカオ土産でおなじみのチリサーディンの缶詰とセットになったメニューもある。以前、目の前の客がこれを食べていた時は、勝手に持ち込んだのかと驚いたが、しっかり人気メニューだった。

参考価格:雞蛋公　MOP19。MAP ▶ P.142 Ⓢ44

上/中心地にある一般的な店構えに比べて、開放的な店内。　右/麵にチリオイルサーディンを入れると、コクと辛みが加わる。「辣魚蛋公」(MOP35)。

現地の人はこう食べる。

★テーブルに白コショウや自家製チリソースがあるので、お好みで追加。
★出前一丁以外に米粉麵もセレクトできる。
★ソーセージやハムなどのトッピングを追加して、カスタマイズもできる。

全《チュン》餐《チャン》麵《ミン》

いわゆる全部のせ麺

参考価格：全餐麵　MOP45。MAP ▶ P.136 Ⓐ❹

市場のフードコートからレストランまで、多くの店のメニューに、「全餐○○」という文字がよくある。これは具の全部のせという意味。具のジャンルは問わない、肉、魚、野菜、部位や種類も様々で、甘しょっぱく煮た具が、10種類以上入っている。あまりにも具材が多すぎて落下注意だ。メニュー選びに迷った時の救世主になってくれるし、そのお店の味を一度に食べられるので、お気に入りの味を見つけるのにぴったり。

左／豚肉、魚団子、雲呑、青菜など、煮込んだ容器から一つひとつの具材をピックアップ。　上／市場の屋台食堂では、お店にある調味料を小皿に取って使う。

現地の人はこう食べる。

★具材は選べないので、お気に入りの店で食べる。
★お好みでラー油の辛みを加えても良いアクセントになる。

牛《アウ》腩《ナム》撈《ロウ》麵《ミン》

一度食べたらリピーターになる牛バラ麺

参考価格：牛腩撈麵　MOP40。MAP ▶ P.141 Ⓜ㉞

見た目の色合いが単調なだけに地味な印象だが、この茶色は特別だ。長時間煮込んだ牛バラ肉のホロホロ感が心を躍らせる。肉をほぐしながら麺と一緒に食べよう。甘しょっぱさに肉の脂身の甘さが加わって、ずっと味わっていたくなる。どの店でもメニューの筆頭に上がっているが、同じメニューでも店によって個性が出る。燒味《シウメイ》（焼肉）専門店ならではの肉のこだわりや、麺屋の大衆的な味など、食べ比べしてお気に入りの店を見つけよう。

現地の人はこう食べる。

★麺を選べる店もあるので、気分によって変える。
★カレー味に煮込んだ牛バラ肉をのせるバージョンもあり、それぞれお気に入りの店に行く。
★ラー油を加えて、味のアクセントに。

左／「油生菜」（MOP28）。食事のバランスを考えたら、野菜も注文したいところ。さっと茹でたレタスに、オイスターソースをたらり。　右／オリジナルのラー油は、唐辛子の辛みがグッとくる病みつきの辛さ。

鮮《シン》茄《ケー》豬《チュー》扒《パー》意《イー》

うどんパスタなナポリタン

メニューに「意・意粉」とあればパスタのこと。硬めに茹でたアルデンテのパスタならイタリアンに行けばよいのだが、これは別名「うどんパスタ」なんて呼ばれるほど軟らかく茹でたパスタ。トマト味にもなんだか懐かしさを感じる。パスタの上にはボリュームのあるポークソテー。まるで男子飯のようなジャンキーさがあるが、このパスタとならばいいコンビに。大衆食堂で、このようなレトロ感ある料理を食べるのも旅の思い出。

参考価格：鮮茄豬扒意　MOP33。MAP ▶ P.146 Ⓢ 46

現地の人はこう食べる。

★具を入れずに、トマト味のパスタのみもオーダーできる。
★ポークソテー以外にハムやチキンソテーをのせる人も。
★特に若い人たちからの支持率高し。冷たいミルクティーなどと一緒に注文する。

左／パスタの他にマカロニも提供している。「通粉」がマカロニという意味。上／人気の厚切りトーストは予約必須メニュー。

沙《サー》爹《テイ》雞《ガイ》球《カウ》炒《チャウ》麺《ミン》

サテソースのおもしろさ再発見

この料理に興味を持ったのは、使われているサテソースがきっかけ。大きくカットされた具材が特徴的な揚げ麺スタイル。鶏肉、玉ネギ、ピーマンなど盛りだくさんの具材をサテソースで炒めている。東南アジアで食べられているピーナッツ味の同名ソースを想像していたが、意外にも沙茶醤（サーチャージャン）味。中国料理に使われる魚介ベースの万能調味料で、そのルーツはインドネシアとも。口いっぱいに広がる深みのある香ばしさが良い。

参考価格：沙爹雞球炒麺　MOP60。MAP▶P.138 Ⓒ⑬

上／これがサテソース。コクのある魚介系の風味があり、余韻もしっかり残る。右／外にあるワゴンで麺が茹でられている。名人の店員の見事な麺さばき。

現地の人はこう食べる。

★揚げ麺なので、箸でバリバリと大胆に崩しながら食べる。

★赤酢をかけて食べる。麺がしっかりしているので、赤酢はたっぷりかけても良い。

蟹《ハイ》黄《ウォン》撈《ロウ》麺《ミン》

濃厚なカニ麺にノックアウト

参考価格：蟹黄撈麺　MOP48。MAP▶P.138 Ⓒ15

マカオや香港で甲殻類の麺といえば、エビの卵がのった麺が有名だが、実はカニバージョンもある。軽く味付けしたカニ味噌と身を合わせたシンプルな麺料理。カニに空気を含ませながら混ぜることで、ふんわりとした仕上がりに。ところが、優しい食感と裏腹に香りのインパクトがすごい。一気に口の中がカニ味噌に支配されてしまう。モソモソ系のエビ麺よりも、「あれ？　食べやすいかも」。よし、今日からカニ推しでいこう！

現地の人はこう食べる。

★ラー油は必須。お好みで赤酢を追加すれば、さらに風味が広がる。

★スープを別途注文して、少し麺にかけるとほぐれやすくなる。

左／カニ麺にエビ雲呑をのせたメニューもあり、こちらはカニとエビが共演。上／他の具材は細切りタケノコと青ネギが少しとシンプル。

雲《ワン》呑《タン》麵《ミン》

マカオで必ず食べたい麺 No.1

馴染みがあり過ぎるくらいにメジャーな麺だが、やっぱり食べてしまう。その最大の理由は雲呑。大ぶりな雲呑の中に入っているエビの圧倒的な存在感は誰もが認めるところ。プリッと弾けるエビの食感が際立ち、リピーター続出だ。また、昔ながらの竹で麺を打つ製法の「竹昇麵」の、独特なコシの強さに驚くこと間違いなし。初めて食べた時は衝撃を受けたが、間を置いてまた食べても、同じような衝撃が。なんとも魅力ある麺だ。

参考価格：雲呑麵　MOP34。MAP▶P.138 Ⓒ⑬

現地の人はこう食べる。

★さっぱりとした雲呑麵に赤酢のアクセントを加える。
★麺を入れずに、雲呑スープにして食べることも多い。
★汁なしの撈麵バージョンもある。

左／この店も「竹昇麵」を作っている。片足を竹に引っ掛け、テコの原理で左右に移動しながら麺を打っていく製法だ。　右／雲呑麵同様、人気の「馳名蝦子撈麵」（MOP48）は、エビの卵を香ばしく炒った麺。一緒に注文して、シェアするのがおすすめ。

ちょこっと休憩

庶民の台所ごはん「熟食中心」

旅の楽しみのひとつは市場（街市）巡り。マカオの市場はビルに収められていて、数階あるフロアごとに売り場が分かれている。精肉や鮮魚などの食材が揃い賑やかだ。一通り見学したら、ぜひ上階にある屋台食堂「熟食中心」へ行ってみよう。食事メニューや軽食、飲み物が安く提供されていて、買い物帰りだけでなく、わざわざ食事目当てで訪れる人も多い。

朝食を食べる地元の人々。食べた後は新聞を読んだり、ポータブルテレビを見たり、時間の過ごし方はそれぞれ。

訪れたのはセナド広場近くの「營地街市」。エレベーターで3階に上がれば、中央に屋台食堂。その回りをテーブルが囲む。

瓶入りの飲料はレトロ感たっぷり。ちょっとした休憩にもぴったりだ。

店舗は小さいながらもメニューが豊富。手軽に食べられる麺が人気。

パン党の人におすすめ。バターを塗ったロールパンにミルクティーはおやつにも。

MAP ▶ P.136 Ⓐ❺

ごはんもの

マカオ料理ならば、お米は日本と同様にふっくら仕上げ、ポルトガル料理ならばちょっとアルデンテ。そんなテクスチャーの違いがおもしろい。お粥やおかずのせ、味付けごはんにオーブン焼き……どれをとっても、米文化の嬉しい一品ばかり。

煎《チィン》肉《ヨッ》餅《ベン》飯《ファン》加《ガー》太《タイ》陽《ヨン》蛋《ダーン》

王道ハンバーグの恋しい味

会えずに恋しいとは、こういうことかと実感したランチごはん。メインのハンバーグに目玉焼き、白いごはん、と王道のワンプレート。他にもメニューはたくさんあるのに、このハンバーグだけはなかなか食べられない。聞けば限定100食、午前中に売り切れてしまうことも多いという。繁盛店とわかっていたので、時間をずらして行こうと思ったら判断ミス。

ある日、やっとありつけたハンバーグの表面には均一の焼き色が。一度蒸してから揚げ焼きしているので、全体的にパリッとしていて中はよりフワフワに。油がしっとりと肉汁に絡まっていて、ごはんと一緒に食べれば、「そうそう、この味に会いたかったの」と思わず笑みがこぼれる。これは老若男女問わず大好きな味。混雑なんて気にしていられない。並んででも食べなくちゃ。

左上／細長く奥まで続くフロアには平日でも席待ちの長い列が。地元の人たちに交じって観光客も多い。　右上／ハンバーグは中まで火が通っていてふっくらと仕上がっている。　右／豆乳飲料「Vita Soy」(MOP18)。大衆食堂の人気ドリンク。レトロな瓶がおしゃれ。

現地の人はこう食べる。

★すぐに売り切れてしまうので、朝を狙ってオーダー。
★卓上には塩、白コショウがあるが、目玉焼きにかけるのは、醤油派が多い。
★ナイフとフォークで切りながらパクッ。
★朝であれば、元気が出る「Vita Soy」の瓶入り豆乳と一緒に食べるのがベスト。

memo

広東語の料理名には、調理法や材料が組み合わされているが、この料理も同様。「太陽蛋」は、目玉焼きのこと。白身と黄身がまるで太陽のようで、かわいらしいネーミング。また、「肉餅」は蒸しハンバーグのことを指す。マカオや香港ではお馴染みの料理で、大衆食堂のメニューとしても人気。

参考価格：煎肉餅飯加太陽蛋　MOP42。MAP ▶ P.139 Ⓔ㉒

焼《シウ》雞《ガイ》釀《ヨン》飯《ファン》

Galinha Com Arroz Cozido Portuguesa

ビジュアルに惚れる丸鶏ライス

テーブルにこんがり揚がった丸鶏が到着すると、店員さんが最初の一刀を入れてくれる。まさにその瞬間が、絶好のカメラチャンス！

中からは、なんとケチャップライスが姿を現す。そのビジュアルに、誰もが歓喜の声を上げるはず。ケチャップライスは、隅々までギュッと詰まっていて、鶏との相性抜群なのは言うまでもない。この丸鶏を客は見逃すはずもなく、ほとんどの人が注文するという。

ポルトガルソーセージやオリーブなどのポルトガル食材と丸鶏を油で揚げる中華の技法がタッグを組んで、今やマカオの名物料理のひとつとして君臨。鶏の足先まで食べつくそうと勢い止まらず、カトラリーを置いて手でパクリ。小ぶりな丸鶏を使用しているとはいえ、1人では太刀打ちできない。ここは友人を誘って、またあの丸鶏に会いに行こう。

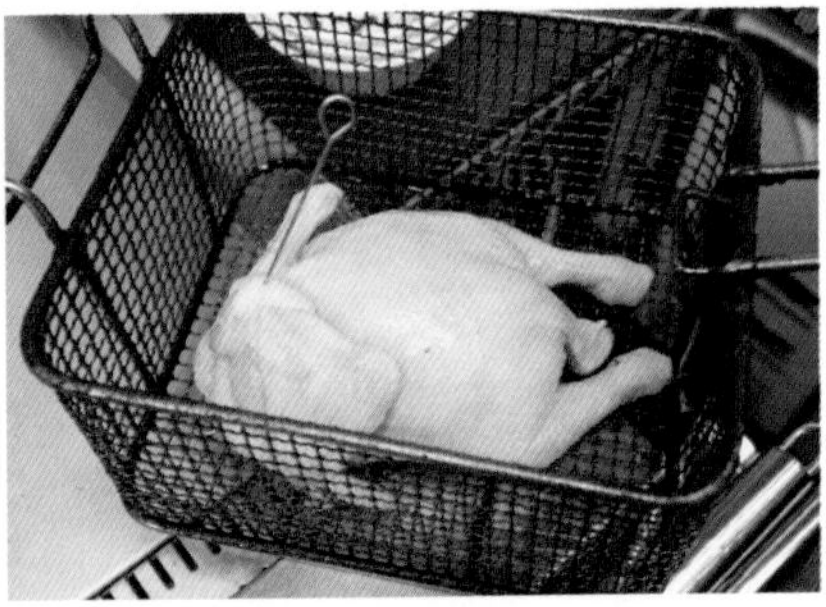

左上／ケチャップライスを作る。　右上／骨抜きした丸鶏のお尻からケチャップライスをたっぷりと入れていく。　右／ぷっくりと膨らんだ丸鶏。高温の油で13分揚げる。すでにケチャップライスはできているので、小ぶりな鶏肉を使ってちょうど良い火の通りにする。

memo

一羽800gほどの丸鶏がベスト。ブラジル産やフランス産の特定サイズの丸鶏を使用している。ライスを入れるには骨を取らなければいけないが、1分で骨抜き状態にするという早業。その骨もブイヨンにして炒め物などの料理に活用している。ケチャップライス入りの丸鶏は、ポルトガル人から受け継いだこの店のオリジナルだ。

現地の人はこう食べる。

★食べやすいように、ナイフでさらに切り分ける。
★夕食はもちろん、ランチでも注文する人が続出。
★ボリュームがあるので大人数の方がシェアしやすいが、2人で完食する人も。

参考価格：燒雞釀飯　MOP148。MAP ▶ P.142 Q41

三《サーム》拼《ペン》飯《ファン》

鶏、豚、鴨、華麗なる共演

いつもならば、おひとりさまに便利な1種類の肉のせごはんなのだが、人数が多い時にはちょっと豪華に食べたい。ということで訪れたのは焼味《シウメイ》（焼肉）屋さん。店頭に吊るしてあるロースト肉は専門店の目印にもなる。

お目当ては、ごはんの上に3種類のお肉をのせた贅沢ごはん。蒸し鶏である「切雞」、豚皮パリッの「焼肉」、鴨肉をタレで煮込んだ「滷味《ロウメイ》」。

さっぱりとした柔らかな蒸し鶏に対して、甘しょっぱく煮込んだ滷味は濃い目の味、砂肝のしっかりした食べ応えと鴨舌のちょっと珍しい盛り合わせ。異なる肉の種類を試せるのも焼味屋ならでは。ボリュームがあり、分け合うのにぴったり。ほのかに肉の味が染みたごはんもまた格別だ。満席のピークを過ぎれば、店頭を埋め尽くしていた肉もだいぶ減ってきた。

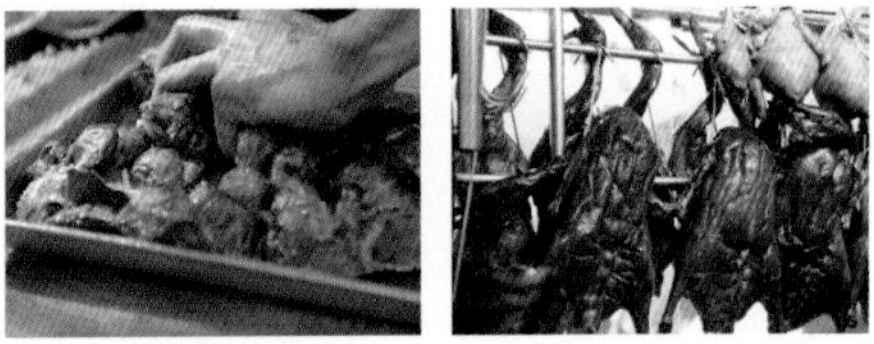

左／砂肝は味が入りにくいが、濃い目の味付けと食感でその存在感を発揮する。　右／艶やかにローストされた肉。店頭に並ぶ肉は、時間帯によって売り切れる場合も。店員に確認しよう。

現地の人はこう食べる。

★店によって選べる数が違うが、この店では、7種類の料理から選ぶことができる。

★ごはんを麺に変更することもできる。

★肉のみの盛り合わせもあるので、その場合はごはんは別途注文。

★ネギショウガは切雞と一緒に食べるとよりさっぱりといただける。

memo

専門店では同じ肉の種類でも、塩味もあれば、タレを使用したものもある。調理法は多々あるが、同じ鶏肉でも、蒸せば「切雞」、タレを馴染ませれば「油雞」という感じ。豚肉ならば、茹でてから焼いた「焼肉」、タレを漬け込んで焼いた「叉焼」のように、メニューから様々な料理を想像するとより興味がわいてくる。

参考価格：三拼飯　MOP65。MAP ▶ P.141 Ⓜ㉞

馬《マー》介《ガイ》休《ヤウ》炒《チャウ》飯《ファン》

Arroz Frito Bacalhau

干しダラの塩味がアクセント

参考価格：馬介休炒飯　MOP68。MAP ▶ P.141 O 39

炒飯ほど私たちに馴染みのある米料理はない。具材や味付けを変えれば、如何様にも変化する。そんな炒飯もバカリャウ（塩漬け干しダラ）を入れれば、ポルトガル風に。パラリとほぐれる米粒とバカリャウのハーモニーは格別。そこに、ポルトガルのソーセージであるチョリソーが入って、よりうま味が広がってくる。食べきれずに持ち帰りにしてもらった時は、冷めても味がしっとり馴染んでいた。冷めた方が好みだったという嬉しい誤算。

左／店の目の前が湾になっていて、向かいにはマカオ名物のマカオタワーが見える。テラス席から景色を眺めながらのんびりするのもおすすめ。　右／食後にさっぱりとした「紅茶」（MOP23）で口直しも良い。

現地の人はこう食べる。

★塩気のシンプルな味をそのまま楽しむのが良い。

★サイドメニューと組み合わせて、シェアする人が多い。

★家族連れも多く来店。子供にも食べやすい。

芙《フー》蓉《ヨン》蛋《ダーン》飯《ファン》

卵をシンプルに味わう優等生

参考価格：芙蓉蛋飯　MOP82。MAP ▶ P.140 K 32

レンゲで卵とごはんを一緒にパクッ。簡単に言ってしまうと卵焼きのせごはんである。具材はモヤシやネギなど、卵の味をジャマしないシンプルなもの。たっぷりの油を卵に含ませ、中華鍋の底の丸みをいかしながら、まん丸く焼いていく。正直、メニューの上の方にある料理というわけではなく、そんなに目立たないタイプ。しかし、日本の天津丼は芙蓉蛋飯の派生料理といわれているくらい、実は正統派なのだ。日本人にも馴染みのある味。

現地の人はこう食べる。

★元々、卵焼きに味がついているので調味料は不要だが、アクセントに醤油をたらしても。

★飲茶レストランや大衆食堂などで食べられる。

★蟹入りの豪華版（芙蓉蟹）もあり、そちらは中華レストランで食べられる。

左／飲茶レストランならではの茶器が並ぶ。お茶の種類も豊富で、料理と一緒に飲めば口の中をリセットできる。　上／のどかな朝の光景が広がる店内。

豬《チュー》肝《ゴン》肉《ヨッ》丸《ユン》粥《チョッ》

朝でも夜中でも食べたくなる粥

日本ではお粥は体調不良の時や朝に食べるイメージだが、マカオでは違うようだ。朝から深夜まで営業している粥店が多い。海鮮の出汁で炊かれたトロトロのお粥に合わせる具材は、団子や臓物など、レパートリーが豊富。肉団子は食べ応えがあり、その存在感を発揮している。豚レバーは苦手な人が多いかもしれないが、しっかり処理がされていて、下味もついているので意外にも食べやすい。具だくさんのお粥は最後まで熱々のままだ。

参考価格：豬肝肉丸粥　MOP42。MAP ▶ P.138 Ⓒ⑬

現地の人はこう食べる。

★白コショウをアクセントに。
★中華揚げパンの「油條」をお粥に入れて。お粥の水分が油條に染みて、これまた美味し。
★24時間静まることのないカジノで働く従業員にとっては、深夜や朝の仕事帰りのお粥が定番。

左／大量に作られたお粥は注文が入るたびに小鍋に取り分け、具材を入れて再度温めて完成させる。　右／夕食時には単品のおかずメニューも多く提供される。鶏足先の煮込みはマカオの人たちが好きな料理のひとつ。

焗《ゴッ》鴨《アッ》飯《ファン》

Arroz de Pato no Forno

米にもエキスたっぷりダックパラダイス！

ポルトガルレストランで提供されるダックライスは、鴨肉と野菜を煮込んでスープを取り、そのスープで米を炊く。見た目以上に手間がかかっていて、その恩恵は一口目から発揮される。炊いた後はオーブンで焼かれるため、米がパラリとほぐれ、その一粒一粒に鴨のエキスと、香ばしさがプラスされている。素早く二口目へ。さらに中からは鴨肉の塊が現れて、まさにダックパラダイス！　しっとりと肉がほぐれる瞬間がたまらない。

参考価格：焗鴨飯　MOP188。MAP ▶ P.139 F 26

左／取材した店は築100年以上の保護指定建築。外の風景を眺められる窓際がおすすめ。　上／どこからすくっても鴨肉が現れる。食べ応えもたっぷり。

現地の人はこう食べる。

★そのままでもしっかりした味だが、煮込み料理などを一緒に注文した場合、その汁をかけて食べることも。

★鴨肉のうま味を食べつくすのにワインが欠かせない。

★ランチ、ディナー共に予約をするのが確実。

蟹《ハイ》粥《チョッ》

カニの身たっぷりリッチな粥

参考価格：水蟹粥　MOP85。MAP ▶ P.140 Ⓗ㉙

夜が深まっても店の前は人だかりができている。濛々と湯気が立ち込めているのは粥屋さん。具のバリエーションが多い粥の中でも、贅沢な気分になれるのが水カニ粥だ。大きくカットされた殻付きのカニが入っていて、甘みたっぷりの身をほぐしながら食べる。レタスのシャキシャキとした食感も加わってさっぱりとしている。熱がこもっているので、勢いよく食べるのはキケン。フーフーしながら、じっくりカニを味わわなくては。

現地の人はこう食べる。

★ほぐした身をそのまま食べたり、粥に入れたり、カニの味を堪能する。

★粥に白コショウは欠かせない。

★大人数の客の場合は、大きな両手鍋に入れて提供される。

★近所の人は持ち帰り用にして自宅で食べることも多い。

左／順番待ちや持ち帰りの粥を待つ人で店の前はごった返す。　右／手のひらサイズの水カニ。これがどんどん無くなっていく。

ちょこっと休憩

マカオで体験！ポルトガルレストラン

創業100年以上の老舗店も多いポルトガルレストラン。アジアの雰囲気から一転して、店内にはポルトガルならではの装飾があり雰囲気は抜群。素材をいかした料理と共に名産ワインを味わうのも格別だ。昼夜問わず賑わうので予約が確実だが、フリーならば混雑のピークを過ぎた、ラストオーダー間際が狙い目。躊躇せずにトライしたい。

アズレージョ

青い装飾タイルの総称。昔から歴史や文化をタイルに描くことで現代に伝承。幾何学模様の現代的な柄も人気だ。

MAP ▶ P.137 Ⓑ⑫

ガロ

雄鶏をモチーフにした民芸品のこと。奇跡と幸運のシンボルとされていて、店舗のデザインにも多用されている。

MAP ▶ P.139 Ⓕ㉖

トレンド

近年では、シェフが直に腕をふるうプライベートダイニングが人気。特別な時間を体験できる。

MAP ▶ P.137 Ⓑ⑫

ワイン

別名「緑のワイン」と呼ばれる「ヴィーニョ・ヴェルデ」（右）がおすすめ。軽めなので水感覚で飲める食前酒。

MAP ▶ P.141 Ⓟ㊵

食材

干しダラのバカリャウやポルトガルソーセージのチョリソーなど、ポルトガルからの輸入食材も多く使われている。

MAP ▶ P.139 Ⓕ㉖

翅皇

SEVEN-UP

福
生意興隆

肉もの

マカオの人は豚の皮が好きと聞いてびっくりしたが、あらゆる部位の使い方が上手。牛、豚、鶏の臓物はもちろん、骨までもお手の物。タレがしっかり馴染んでいたり、サラダ仕立てのさっぱり仕上げだったり。肉の探求アンテナをしっかり張っていこう。

大《ダイ》雑《ザッ》燴《ウイ》

Tacho

冬に欠かせない鍋料理は食材の宝石箱

マカオに冬の足音が聞こえるようになると、大雑燴の季節がやってくる。特にマカエンセ（14ページ参照）にとっては冬の風物詩。元々家庭の味として親しまれてきた鍋料理が、レストランでも提供されるようになった。豚足、スペアリブ、豚皮、丸鶏、中国ソーセージ、野菜などが入っていて、肉の部位の出汁が染み出たその味は、上品で優しく、具だくさんのポトフという感じ。特に味が染み込んだ豚皮は、みんなが大好きで争奪戦になる。

ポルトガルのチョリソーを中国ソーセージでアレンジしたマカオならではの味。その昔は夏場の陽気で、塩漬けのアヒル肉やソーセージが劣化しやすかったため、冬にしか作らなかったという。今では環境も整い、夏でも作ることは可能だが、提供している店はごくわずか。この料理を目当てに冬のマカオに行くのもあり。

左／ポルトガルの特徴的な模様の入ったアズレージョ（タイル）のテーブルが印象的な店内。この店がある福隆新街は店先の赤い格子が特徴。　右／「免治」も人気。免治猪肉（50ページ）と比べて、こちらはひき肉とジャガイモを一緒に炒めている。

現地の人はこう食べる。

★レストランや家庭それぞれで具材や味が異なる。

★ごはんと一緒に食べる。

★冬以外の季節でも、店舗にリクエストして作ってもらう人もいる。

★大量に仕込むため、家庭では何日かに分けて食べる。鶏肉や豚皮、野菜をあえて追加して、味の変化を楽しむ。

memo

数日前から仕込みを開始。乾燥した豚皮を戻してから一度揚げたり、豚肉を塩で漬け込んだり、下準備が大変。火の通りにくい食材から煮込んでいくが、ひとつできたら取り出し、また次の食材…というように調理にも時間がかかる。豚足や塩漬けアヒル肉、中国ソーセージから出汁がよく出るので、使う調味料といえば下味の際の塩のみ。

参考価格：大雑燴（2人前） MOP440。MAP ▶ P.137 Ⓑ⑫

免《ミン》治《チ》豬《チュー》肉《ヨッ》
Minchi

これぞマカオのおふくろの味

見るからに、ごはんと相性抜群だというのがわかるはず。オイスターソースで甘じょっぱく味付けされた挽き肉と揚げたジャガイモ、その上には目玉焼き。レストランだけでなく、家庭それぞれにミンチィの味があるというマカエンセ（14ページ参照）料理のひとつだ。

店によって、ミンチィとごはんが一緒に盛られたワンプレートになっていたり、別添えになっていたりと、スタイルは様々だが大きなアレンジはせず、シンプルさが基本。長く家庭で愛された味は、ローカル食堂から高級レストランまでメニューに欠かせないほど、身近な存在なのである。日本にもみそ汁、肉ジャガ、カレーなど、家庭の味はたくさんあるが、ここまで幅広く提供されているような料理はないかもしれない。それにしても、ごはんが進む料理である。

上／ひき肉に調味料を加え炒める。調理もさほど難しくない。　右／スプーンで一緒に食べれば素朴な優しい味が口の中に広がる。

現地の人はこう食べる。

★スプーンですくって、ごはんと挽き肉、ジャガイモを一緒に。
★目玉焼きの黄身を崩しながら食べる。
★ごはんと一緒のワンプレートスタイルの店は、1人の時に便利。
★1人の時は大衆食堂、複数であればポルトガルレストランというように、使い分けて利用することもある。

memo

愛され続けているミンチィだが、その昔は、中華食材のキクラゲが入っているのがお決まりだったそうだ。この店のミンチィには食感の良さもあって、キクラゲを入れている。また、肉を使用せず、野菜などのベジタリアン向きのミンチィも提供している。ミンチィの名の由来は、ひき肉の「ミンチ」からきているという。

参考価格：澳門土生炒免治肉碎配煎蛋及木耳　MOP120。MAP ▶ P.140 J 31

豬《チュー》耳《イー》沙《サー》津《ロッ》

Salada de Orelha

コリッ＆プルンなミミガーサラダ

豚肉はあらゆる部位が料理に使われるが、耳も外せない食材だ。コリっとした食感が特徴で、ポルトガルレストランのサラダメニューの定番。茹でた豚の耳を玉ネギやトマト、ピーマンなどの野菜と共に和えてボリュームたっぷりに。ホワイトビネガーの甘酢と合わせれば、さっぱりと食べやすく、耳皮のコラーゲンのプルンとした食感が心地よく後を引く。旅先での野菜不足解消のお役立ちになる一品なので、積極的に食べよう。

参考価格：脆豬耳沙津　MOP75。MAP▶P.142 Q41

現地の人はこう食べる。

★白ワインと合わせるのかと思えば、意外にも赤ワイン派が多い。
★さらにビネガーを加えて酸味をアップ。
★パンを注文して一緒に食べるのもまた良し。

左／カジュアルな雰囲気で楽しめる店内。取材した店は、観光客に人気のタイパエリアにある2号店。　右／下処理をしっかりと。ゴツゴツした豚耳がおいしいサラダに変身。

豬《チュー》骨《グワッ》煲《ポウ》

骨髄を吸う醍醐味

参考価格：胡椒豬骨煲（小）　MOP130。MAP ▶ P.140 G 28

初めて見るその光景は衝撃だった。鍋の中でグツグツと煮えているのは、客のほとんどが注文するという山盛りの豚骨髄。その骨髄をストローで吸うのが、この鍋の醍醐味だ。一日100kgほど仕込まれるのは、主に腿の部分。骨に太さがないとこの鍋は成立しない。2時間以上煮込まれた骨髄の味を例えるならば茹で卵。少々ざらつきがある舌触りの濃厚な味だ。中国本土との境界近くのこの店に、骨髄を目当てに訪れる客が絶えない。

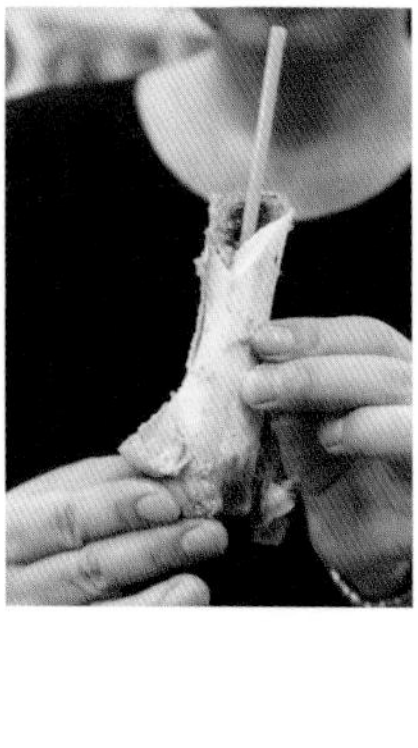

左／長さ約10cmの骨髄。病みつきになる味。　上／コショウをきかせたあっさりスープ。「紅莧菜」（MOP30）は、サッと火を通すだけで食べられる。

現地の人はこう食べる。

★ストロー率ほぼ100%。
★骨のまわりについている肉も食べる。
★鍋の隙間に余裕が出てきたら、海鮮や野菜を入れて食べる。

焼《シウ》牛《アウ》扒《バー》

Bife Grelhado

牛ステーキに目玉焼き？

せっかくマカオに行くならば、名物料理や珍しい料理を食べたい気持ちになるが、身近なものにも意外性が発見できる。それは目玉焼きがのった牛フィレステーキだ。一瞬、不思議に思ったが、マストコンビだという。ポルトガルレストランでは普通に提供されていて、食堂のような気軽に行ける店でも同様のスタイル。トロリと流れ出す黄身と一緒に食べればソースいらず。ハンバーグにものっているのだから、ステーキもアリだ。

参考価格：焼牛扒　MOP95。MAP ▶ P.141 Ⓛ 33

現地の人はこう食べる。

★塩、コショウ、ニンニクのシンプルな味付けでいただく。

★ごはんと交互に食べるが、時折オンザライスに。

★ポテトを主食にして食べることもあるので、ポテトが添えてある。

上／店内用はもちろん、テイクアウトにも対応できる総菜コーナーがある。

右／食後のデザートにはプリンも。カットタイプなので、少し固めの優しい味。

紅《ホン》豆《ダウ》豬《チュー》手《サウ》

Feijoada

お豆たっぷりほっこり煮込み

参考価格：紅豆豬手　MOP59。MAP ▶ P.141 Ⓛ㉝

ポルトガル料理が好きなマカエンセ（14ページ参照）が、毎日でも食べたくなるというフェジョアーダ(豆の煮込み)。この店でも、フェジョアーダは毎日作られている人気メニュー。ポルトガルソーセージに豚肉、キャベツやニンジン、たっぷりのレッドビーンズの存在感も優しい。トマトペーストとフレッシュトマトのダブル使いで、酸味とうま味が程よく調和している。これはファンが多いのも頷ける味だ。

左／マカエンセである店主のアイダ・ジェズスさんは100歳を超える現役の看板娘。　上／壁には古き良き時代のマカオの風景写真も。

現地の人はこう食べる。

★フェジョアーダとごはんでランチという人が多い。
★ごはんに添えれば、自然にスープが浸透してくる。
★テイクアウトでも、この味を求めてやって来る人も。

焼《シウ》鵝《オー》

広東の真髄、ガチョウのロースト

街のあちこちで見かけるのが、店先に吊り下げられたアレ！艶やかな焼き色の丸鶏や鴨のローストだ。焼味《シウメイ》と呼ばれる広東料理の王道で、マカオに着いたら一番に食べたい料理のひとつ。ガチョウのローストは肉質がしっかりしている分、凝縮されたうま味と甘みがある。特徴的なのは黒コショウのソース。肉と調和してグッとくるうまさ。次々と肉がテーブルに運ばれて賑わう店内で、肉をカットする音が止まることは当分なさそう。

参考価格：焼鵝（1/4羽分） MOP115。MAP ▶ P.141 Ⓜ34

現地の人はこう食べる。

★1羽分、1／2羽分、1／4羽分と、サイズがあるので、人数によってオーダーする。テイクアウトも同様。
★1人の場合、ごはんや麺にのせたワンプレートがおすすめ。
★遅い時間は売り切れ覚悟。

上／黒コショウソースは、爽やかな刺激。メニューに「黒椒」とあれば、このソースがかかっている。
右／店頭で肉をカット。注文から提供まですぐ。

手《サウ》撕《シー》雞《ガイ》

豪快に割くのがおいしさの秘訣

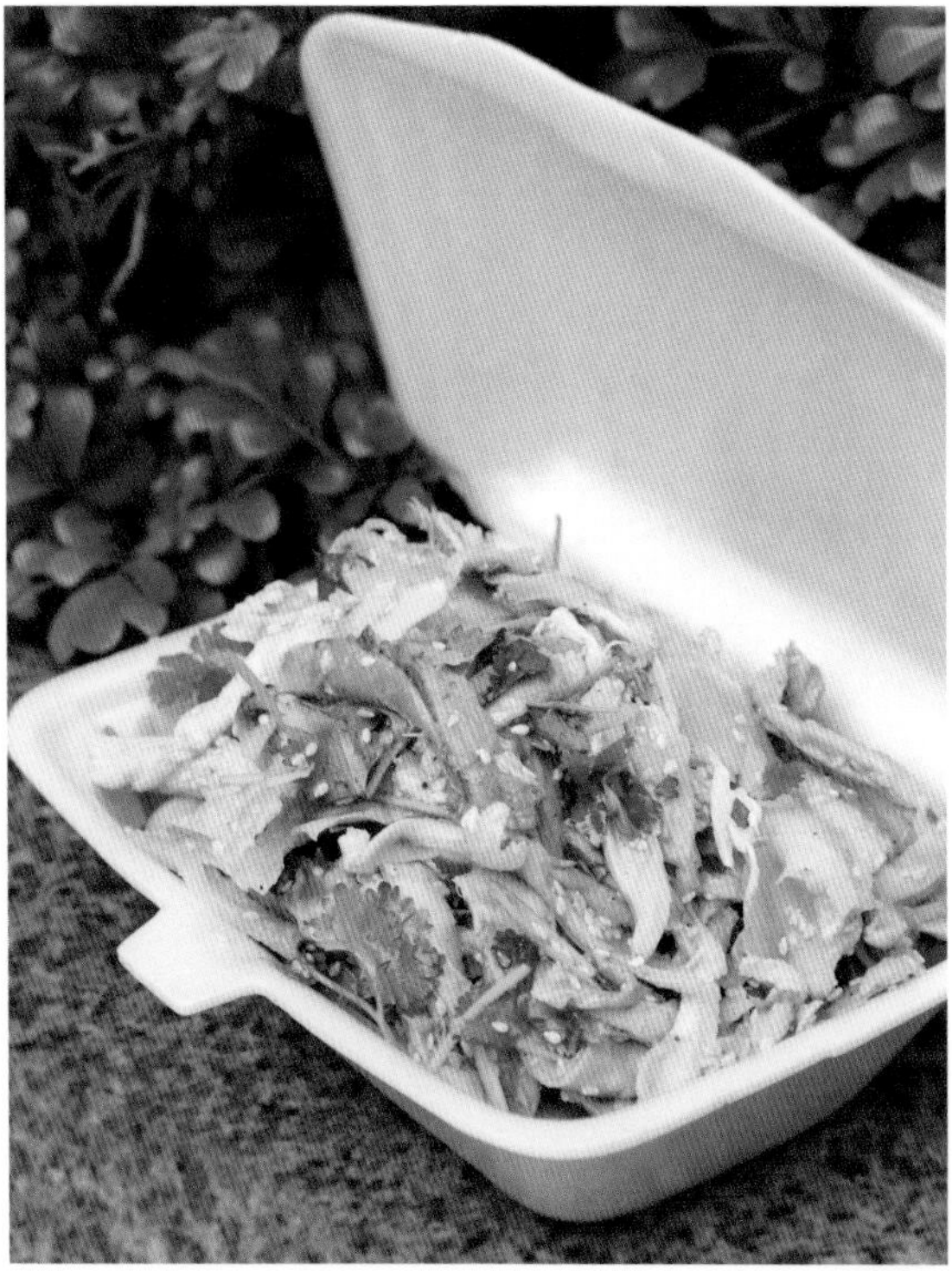

参考価格：三郷手撕雞（半隻） MOP45。MAP ▶ P.138 Ⓔ㉓

丸鶏から作るこの料理は手早さが大事。街には専門店があって、豪快に丸鶏を割く様子が間近で見られる。料理名にあるように手で割くのがポイント。包丁で切るよりも味が馴染み、様々な部位が混ざる。味は塩をベースとしたさっぱり系。たっぷり入ったゴマや香菜が良いアクセントになる。レストランでも提供されていて、そちらは揚げたタロイモやピーマンなどが入っている、ちょっと豪華版。鶏肉のおいしさを丸ごといただきます。

左／手前にあるのが塩や白コショウのはいったオリジナル調味料。一振りすればおいしさ倍増。　上／部位により、それぞれに違った食感が一度に楽しめる。

現地の人はこう食べる。

★鶏肉は半身か丸鶏をセレクト。さっぱりしているので、少人数でも食べきれてしまう。
★ビールに合う前菜として人気の一品。
★持ち帰って、ごはんのおかずにする人もいる。
★ラー油を垂らしても美味。

ちょこっと休憩

食べ比べしたいアフリカンチキン

何年もかけて大海原を越え、マカオにやってきたポルトガル人の冒険家たちのロマンが詰まったといえるのがアフリカンチキン（非洲雞）。ココナッツミルクをベースに、トマトペーストやスパイスを加えたソースにグリルした鶏肉を絡ませた料理で、マカオで絶対に外せない料理だ。冒険家たちが寄港したアフリカやインド、マレー半島から得た食材がふんだんに使われている。点と点がつながってひとつの線になるように、冒険家たちの足跡に

定番スタイルがこれ！

鶏ガラスープ、トマトペースト、ココナッツファインなどを加えたソースに、焼いた鶏肉とジャガイモを入れて軽く煮込む。「マカオで調達した食材と道具を用いて調理するのがいい」と、この店では中華鍋を使用。

うま味たっぷりのソースは鶏肉に絡めたり、パンにつけたり、ごはんにかけたりして、最後の一滴まで食べたくなる。ピーナッツバターがコクのアクセント。チリソースも入っているので、ピリリとした辛さが後をひく。

参考価格：非洲雞　MOP185。

MAP ▶ P.141 O 38

よって、アフリカンチキンはマカオで完成した。と言えばかっこいいのだが、実際の功労者は、ポルトガルの植民地時代にモザンビークからやってきた兵隊たち。自国のグリル手法をマカオの人に伝えて進化したものだ。
主にポルトガルレストランで提供されているが、店それぞれに違う調理法や食材を用いているので、完成してみるとその違いは一目瞭然。例えば、ポピュラーなアフリカンチキンは、鶏肉が見えないくらいにソースがたっぷりかかったもの。それとは逆に、ソースの無いバージョンもある。これは、元々アフリカのグリルチキンである「ピリピリチキン」が原型で、鶏肉本来の味が楽しめる。はたまた、クスクスやグリル野菜を添えた進化系アフリカンチキンもあるので、食べ比べを目的にマカオ旅行の計画を立てるのも楽しい。

ピリピリチキンスタイル

ソースがかかっていない「ピリピリチキン」。唐辛子で辛みをつけたタイプだ。この店では、衣をつけて揚げている。マカオでは、鳥インフルエンザ発生以降、鶏の屠殺は禁止。中国本土から新鮮な鶏が運ばれる。肉質がふんわりと柔らかく美味。

参考価格：辣汁雞　MOP135。

MAP ▶ P.141 Ⓟ㊵

進化系スタイル

上／鶏モモ肉にパプリカパウダーや白ワインで下味をつけてから一度焼く。ソースには、ココナッツミルクやフレークをふんだんに使用し、チリソースを加えて鶏肉と一緒にオーブンへ。盛った時にもソースをかけて、うま味たっぷり。

下／スタイリッシュに構成されたアフリカンチキンは、洗練されたレストランならでは。鶏肉は半身の量なのでシェアするのが一般的だが、一人前ずつ提供してくれる店もある。クスクスも添えてあり、見た目以上に食べ応えと満足感のある一品だ。

参考料理：非洲雞　MAP ▶ P.140 Ⓙ㉛

welcome

魚介もの

鮮魚のマカオ、干魚のポルトガル。どちらにせよ、魚介類は身近な存在。店頭にある水槽で泳ぐ魚に想像を膨らませれば、素材の味をいかした蒸し物や揚げ物など、胃袋を満たしてくれるものばかり。かつて漁港として栄えた街は今日も元気だ。

椒《チウ》鹽《イム》九《ガウ》肚《トウ》魚《ユー》

フワフワ食感の魚フライ

以前訪れた店で、他の客のテーブルで見たのは、たしかこの料理。衣に覆われていたが、ビールと共に食べているその様子でピンときた、「絶対おいしいはず」。

その料理は、白身の九肚魚のフライ。初めて食べた時はその食感に衝撃を受けた。大げさではなく、まるで羽毛のようにフワフワで、一瞬にして口の中で溶けて無くなってしまう。ハゼにも似ているが、それ以上のクリーミーさだ。フライには、塩とコショウ、さらに唐辛子やニンニクがまぶしてあり、店によってスパイシーさはそれぞれ。これはビールを飲まずにはいられない。

ある日、市場へ行った時にフライの正体とご対面。なんと、鱗がほとんどなく、表面がツルツル&ヌメヌメの鋭い歯をもった海魚。あぁ、あの羽毛のようなフワフワの正体を知りたくなかった。

左上／日本の濃口醤油よりも少しあっさりめな醤油。右上／その名も「ガウトウユー」。新鮮な魚が揃う市場でも、ちょっと異質な存在か？　右／アルコールを提供している店ならば、必ずあるのがチンタオビール。

現地の人はこう食べる。

★身自体は淡白な味。味がついているので、そのまま食べられるが、醤油をつけて食べることも。

★コショウを追加したい場合は、卓上に置いてあるものを使う。

★夜の晩酌に絶好のお供。

★多くのレストランで提供しているが、特に海鮮専門店で食べるのがおすすめ。

memo

九肚魚は日本では、テナガミズテングと呼ばれていて、真っ白な身とその柔らかさから別名「豆腐魚」とも。マカオ近海の浅底にいる海魚で網を使って漁獲する。鮮度が落ちるのが早い魚だが、店では新鮮な九肚魚が提供されている。鍋の具や蒸し料理でも使うが、フライがこの魚らしさを一番感じられるかも。

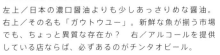

参考価格：椒鹽九肚魚　MOP75。MAP ▶ P.140 H 29

清《チェン》蒸《ゼン》石《セッ》斑《パン》魚《ユー》

水槽覗いて、はい注文！

参考価格：清蒸石斑魚　MOP200　MAP▶P.140　I 30
（入荷によって価格変動あり）。

おいしい魚を求める時の目印は水槽のある店。中心地よりも、ちょっと外れにある方が、リーズナブルに魚を堪能できる。目の前で泳ぐ魚を観察しながら、選んでもらったのはガルーパ。日本でいうならばハタだ。見事に蒸されたガルーパは、家庭でも蒸して食べることが多いという比較的高級魚。質の良いガルーパは骨と身がきれいに取れるので、良し悪しは箸を入れた瞬間に決まる。醤油ベースのタレと絡めて食べると絶品だ。

左／店頭にある水槽には、その日入荷された魚がたくさん。価格も表示されているので、注文の目安になる。　右／ガルーパの白い身にたっぷりタレをかけて。このタレもおいしさのアクセント。

現地の人はこう食べる。

★醤油のタレは魚のうま味が染み出して、これだけでも美味。ごはんにかけて食べることも。
★青ネギや香菜を身と一緒に食べると香りも良い。
★良い魚が入っているかを店員さんに聞いてセレクトする場合も。

冰《ベン》鎮《ジャン》蝦《ハー》

マカオ版シュリンプカクテル？

参考価格：冰鎮蝦（10本） MOP128 MAP▶P.140 I 30
（入荷によって価格変動あり）。

エビが無性に食べたくなった時に、友人に勧めてもらったのがこれ。氷の上には茹でエビのみ。シンプルな料理に拍子抜けした。しかし、食べてみると納得。冷えたエビの身がしっかりしているので甘みが強く、プリッとした食感も絶妙だ。香菜たっぷりのタイ風タレは、甘いエビに爽やかさが加わって合う。鮮魚が揃う海鮮レストランだからこそのおいしさ。そうだ、私がリクエストしたのは〝エビが食べたい〟。だから正解なのだ。

現地の人はこう食べる。

★マカオの人たちはマカオ近海の川と海が交わる海流付近で捕れるエビやカニがおいしいことをよく知っている。

★店頭にある水槽をチェック。その日おすすめのエビを選んでもらう。

★殻をむくので、フィンガーボウルがあれば用意してもらう。

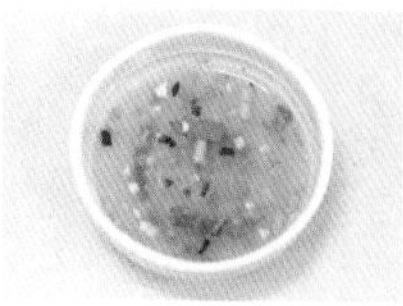

左／予約必須の店内はいつも満席。家族連れや学生さんたちの団体もいて、みんなおいしいものをよく知っている。　右／香菜、唐辛子、レモンなどが入った爽やか系のタレ。淡白なエビとよく合う。

炸《ジャー》馬《マー》介《ガイ》休《ヤウ》球《カウ》

Pastéis de Bacalhau

サイドディッシュの王道コロッケ

ポルトガル料理に欠かせない食材がバカリャウ。塩漬けにした干しダラのことで、豊富な種類のバカリャウ料理がある。

中でも食べたい料理の筆頭に上がるのがバカリャウのコロッケ。バカリャウは、水に浸して程よく塩気を抜いてから調理する。素材をいかしたシンプルな味と、塩気がちょうど良く、飽きずに食べられる。ポルトガル料理初心者はもちろん、リピーターも毎回オーダーするほどの人気。ジャガイモに負けないバカリャウのしっかりした存在感も嬉しい。日本のコロッケのような粗いパン粉衣つきではなく、小さな楕円形に整えてそのまま揚げている店がほとんどなので、食感も異なり、脂っこさもない。いつも賑わう店内では、ランチからワインを楽しむ客も多い。

左／日々料理を作る厨房にあるのは、火力の強い中華用ガスレンジや中華鍋。ポルトガルレストランの厨房からもマカオとポルトガルの融合が垣間見える。　右／塩漬けされたバカリャウ。主にレストラン向けにポルトガルから輸入されている。このバカリャウは１m以上もある大きなサイズ。

現地の人はこう食べる。

★素材の味をいかしているので、そのまま食べるのがベスト。

★ポルトガル産のワインが充実しているので、さっぱりといただける白やロゼワインと合わせるのがおすすめ。

★あらかじめ席の予約をして訪れる人が多い。

memo

バカリャウは、こまめに水を替えながら、２日間浸して塩抜きする。厚みのある部分はソテーに、それ以外は、裂いてコロッケや炒め物などに使用するなど使い分けているレストランが多い。バカリャウはポルトガルから輸入されていて、365日違うバカリャウ料理を作っても足りないくらいにバラエティー豊富だ。

参考価格：炸馬介休球　MOP110。MAP ▶ P.141 O 38

卜《ポッ》卜《ポッ》蜆《ヒン》

あさりのうま味、うま味、うま味……

料理名の「ポッポッ」とは、貝が開く瞬間のこと。何ともかわいい名前ではないか。その「ポッ」のタイミングを見計らって、具材のアサリとハマグリを一気にすくい上げる。貝に火の通りすぎは禁物だ。

どの国でもそうだが、鍋料理は大勢でテーブルを囲んだ方がよりおいしく感じる。この鍋に至っては、そのおいしさが二段階でやってくる。まずは、アサリとハマグリのたっぷりのうま味を楽しむ。大量のニンニクと共に食べる貝は、ガッツリ胃袋に刺激を与えながらも、優しく体に浸透してくる。

一通り堪能したら、次は寄せ鍋のように楽しもう。魚介、肉類、野菜などたくさん入れて、無限のうま味ワールドへ。中でも、冬瓜や瓜は早めに入れてじっくりスープを含ませよう。こうしてまたスープのうま味を堪能するのだ。

左上／ニンニクを追加しても臭いは気にならない。　右上／海鮮や野菜を入れてアレンジを楽しもう。（具材は別料金）　右／親子3世代で訪れる客が多く、賑やかな光景が至る所で見られる。

現地の人はこう食べる。

★唐辛子とニンニクは、具材を食べる時にもお好みで加える。
★魚介のうま味は、エビ、マテ貝、カキも入れるとさらに増す。
★野菜は、冬瓜の他にミニ白菜もたっぷりと。
★エビのすり身は団子に。
★肉類は、牛肉の薄切りや肉団子もよい。
★お腹に余裕があれば、ごはんにスープをたっぷりかけて〆る。

memo

貝類は近海で採れたもの。「白蜆」という日本のアサリよりも一回り大きいものが出回っている。逆にハマグリは小さめ。鍋のサイズは1つのみ。鍋には約2kg分の貝が入っているので、複数で訪れるのがおすすめ。スープは少なくなったら追加してもらえる。

参考価格：トト蜆　MOP168。MAP ▶ P.141 N 36

薯《シュー》絲《シー》馬《マー》介《ガイ》休《ヤウ》

Bacalhau à Brás

バカリャウとジャガイモのベストコンビ

塩漬けした干しダラのバカリャウを堪能したければ、困る必要はない。だってその種類は豊富にあるのだから。日常のおかずとしても食べたいNO．1はこれ。バカリャウとジャガイモの卵炒めだ。バカリャウの存在感と千切りにした揚げジャガイモの食感の良さ、すでにベストコンビが揃っているのに、さらに卵が入ることでうま味を全部包み込んでくれる。改めて、バカリャウは料理のジャンルとして確立していることを実感する。

参考価格：炒馬介休　MOP175。MAP ▶ P.142 Q42

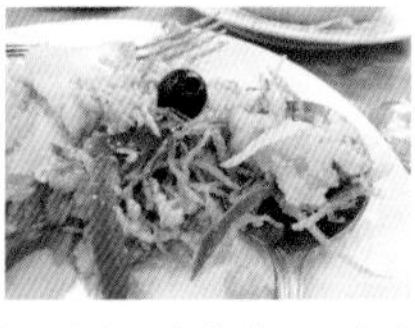

左／他の店からも一目置かれるおしゃれな店。マカオのランチは午後1時頃から一気に混むので、時間をずらすのがベスト。　右／バカリャウの身がゴロっと入っていて、パプリカや玉ネギなど具だくさん。ポルトガル料理に欠かせないオリーブも良いアクセントに。

現地の人はこう食べる。

★食べ進める途中でホワイトビネガーをかけると、よりさっぱりといただける。
★白ワインと相性ぴったり。
★大人数でシェアする。

白《バッ》酒《ザウ》炒《チャウ》蜆《ヒン》

Amêijoas à Portuguesa

あっという間にアサリの殻の山

参考価格：西洋炒蜆　MOP120。MAP ▶ P.141 O 38

福建省などの近海で獲れた魚介類は、マカオの食の大切な要となって、胃袋を満たしてくれる。これもそう。ポルトガル版アサリの酒蒸しは、アサリの塩分が強いので塩は入れない。白ワインやオリーブオイルがアサリのうま味を引き出し包み込んでくれる。だから、話に夢中になっていても食べる手が止まらない。陽気な笑い声が絶えない満席のポルトガルレストランで、アサリが無くなるのも、時間が経つのもあっという間。

左／アサリ酒蒸しの汁をたっぷり吸わせるのに欠かせないパン。おかわりしたくなるほど、良い仕事をしてくれる。　右／福建省産のアサリ。地産がないマカオでは、中国本土から毎日新鮮な魚介類が届く。

現地の人はこう食べる。

★アサリの出汁の効いた汁は、パンを浸して残さずたいらげる。

★常連客からは、残ったスープでパスタをとリクエストされることも。

★白ワインたっぷりのアサリは、やはり白ワインと共に。

香《ヒョン》煎《チィン》鮮《シン》墨《マッ》魚《ユー》餅《ベン》

100%イカのさつま揚げ

参考価格：香煎鮮墨魚餅　MOP69。MAP ▶ P.138 Ⓒ15

マカオでは海鮮の練り物が頻繁に登場し、粥のトッピングや、タレに絡ませた料理もある。もちろん、主役になることも。これは味そのもので勝負。なんと言っても100%イカなのだから。新鮮なイカの粘りを利用して成形。表面はパリッと焼かれ、見事なプリップリ感。ありきたりな言葉だが、このさつま揚げにぴったりの表現だ。メニュー的には地味だが、お店で食べている人が多いのを見ると地元の人のイカ愛が良くわかる。

左／イカの食感と色合いをいかすため、軽く焼き色がつく程度にフライパンで焼く。　右／さつま揚げとスイートチリソースがマッチしていて、家でもマネしたくなるほど。

現地の人はこう食べる。

★まずはそのまま食べて、そのあと添えられたスイートチリソースをディップ。
★お好みで醤油をつけても、素材の味がいかされる。
★麺のトッピングとしても人気。

焼《シウ》沙《サー》甸《ディン》魚《ユー》
Sardinhas Assadas

シンプルイズベストなイワシの塩焼き

参考価格：焼沙甸魚　MOP128。MAP ▶ P.139 F 26

ポルトガル料理にシーフードは欠かせない。中でもシンプルに塩をふったイワシのグリルは、定番料理のひとつ。今までは日本でも食べられるからと優先順位を後回しにしていたが、そんな思いは捨てて正解だった。イワシのグリルにサラダとジャガイモが添えられているだけで、おしゃれに見える。本能的に皮と一緒に食べたくなるが、ここはポルトガル流儀で外して身を楽しもう。さて、白ワインを飲み進める前に、もう1尾！

現地の人はこう食べる。

★皮を外して、身だけを食べる。
★ホワイトビネガーをたっぷりかけてさっぱりと。
★パンの上にイワシをのせて、魚の脂を染み込ませても。
★添えられたジャガイモは主食として食べることも。

左／この店ではパンは黒オリーブペーストと共に。上／オリーブオイルとホワイトビネガーは、ポルトガル料理に欠かせない名コンビ。

ちょこっと休憩

乾麺の製造所に潜入！

マカオの人は麺をよく食べる。小麦麺の種類には大きく分けて「生麺」と「乾麺」がある。生麺ならば、竹竿で麺生地を打つ製法の「竹昇麺」が代表的。乾麺ならば、袋入りのものがスーパーなどに数多く並んでいる。乾麺は保存がきくので自宅でも楽しめる身近な存在だ。そんな乾麺を作っている場所に行ってみた。

訪れたのは、十月初五街にある創業60年の麺製造所の「喜臨門麺家」。この周辺は卸や小売りをしている商店が多く、かつてマカオで一番栄えていたエリア。

店内には様々な乾麺が並んでいる。シンプルな小麦麺や卵麺をはじめ、日本では見たことのない、生地自体に出汁や食材を練りこんだ魚麺、ホタテ麺、エビ麺、

菠菜雞蓉麵が作られるまで

1 伸ばす

ホウレン草と小麦粉を混ぜた生地を平たく伸ばして、生地を滑らかにしていく。

2 裁断

滑らかになった生地を裁断する。

3 蒸す

切った麺を小分けにして、蒸籠に入れて15分蒸す。

4 乾燥

蒸した後、10時間以上乾燥させて完成。

ホウレン草麺があって、まさに麺の宝庫。これらは、麺を茹でるだけで香りのよいスープ麺や汁なしの撈麺《ロウミン》ができる画期的なものだ。

店では、朝から製麺作業をしていて、50kgもの生地を一気に仕込んでいた。麺を丸くするのは機械かと思えば、なんと手作業。その美しさはお見事。丸一日かけて作られた麺がマカオの人たちの胃袋を支えているかと思うと、より麺に親しみがわいてくる。マカオならではの自家製乾麺を土産にして、日本でも旅の思い出を味わうのもいいかもしれない。

喜臨門麵家おすすめベスト4

全蛋蝦子麺《チュンダーンハージーミン》

麺にはエビの卵が入っていて、そのまま麺を茹でれば、蝦子麺が完成する。

瑤柱蝦子麺《イウチューリージーミン》

ホタテの風味が加わった、エビの卵麺の豪華版。

雞湯魚蓉麵《ガイトンユーヨンミン》

鶏の風味の魚麺。優しいうま味が広がる。少し幅のある平麺。

菠菜雞蓉麵《ボーチョイガイヨンミン》

鶏の風味のホウレン草麺。茹でるとさらに緑色が鮮やかに出る。

※麺はそれぞれ細麺と太麺がある。細麺の方が人気があるという。MAP ▶ P.138 Ⓒ⑯

BISCUIT
CAKE

カレーいろいろ

大航海時代の産物が今や名物に。カレー麺に代表されるミックスカルチャー料理や、カレーソースを使ったB級グルメなどメニューは多彩。そんなカレー料理はどれも辛すぎず、優しい味。マカオの唯一無二のカレー文化に触れてみよう。

椰《イエ》汁《チャッ》雞《ガイ》麵《ミン》

マカオで味わうミャンマー代表カレー麺

マカオには、アジアンエスニックの料理がたくさんある。特にミャンマー料理は評判がよく、前々から食べてみたいと思っていた。人気だというココナッツカレー麺は、ミャンマーでも親しまれている定番の麺料理だ。

表面を覆うほどの骨付きチキンと中華揚げパンがゴロゴロ。中華揚げパンがスープを吸うことで、ふんわりとジューシーになり、いい仕事をしてくれる。ツルツルの中太特製麺を食べ切るまで、カレーの風味がしっかりと感じられた。

ミャンマーの代表的な料理に、ナマズのスープ麺があるが、ココナッツミルクをよく使うマカオでは、この麺がミャンマー麺の代表といえるだろう。ミャンマー料理を知り尽くしたミャンマー出身の華僑たちがこの味を作り出している。

左／スープのおいしさの秘訣。右上から時計回りで、ココナッツパウダー、ターメリック、カレーパウダー、ナンプラー。ナンプラーの隠し味が効いている。　右／このチリパウダーは必須。辛みだけじゃなく、うま味がしっかりある。スープに混ぜて食べよう。

現地の人はこう食べる。

★近所に住むミャンマー人たちも多く訪れる。

★卓上にあるチリパウダーを入れると一気に辛さが広がる。

★同様に汁なし麺もあるので、気分によって食べ分ける。

★ランチ時は職場で食べる用に持ち帰りで訪れる人も多い。

★魚の出汁の本場ミャンマー麺もあるので、ローテーションで。

memo

ミャンマーは中国とインドに挟まれ、両国の食文化の影響を受けている。大量の油を使う中国式の調理法やカレーも多い。ミャンマーに移住した華僑(中国籍の中国人)が1960年代に華僑追放によってマカオに戻ってきた。そのため、店周辺エリアには、ミャンマーのコミュニティーが根付いている。

参考価格：椰汁雞麵　MOP30。MAP ▶ P.139 Ⓔ㉑

咖《カー》喱《リー》牛《アウ》腩《ナム》麺《ミン》

マカオの国民食！カレー麺

マカオ独特のカレー文化がこの一杯に詰まっている。地元の人たちの胃袋をガッツリ掴んでいるのは、辛みの効いたカレー麺。じっくり煮込まれた牛バラ肉の存在感がピカ一だ。

カレー麺と牛バラ肉はマストコンビだが、要となるのはカレーパウダー。ベースとなるカレーパウダーに数種類のスパイスを合わせて、オリジナルのミックススパイスに仕上げている店が多い。さらに、この店では、四川料理ならではの花椒油《ファチウヤウ》を加えてより刺激的に。スープが油でコーティングされるので、痺れや辛みが最後まで押し寄せ病みつきになる。

咖喱牛腩麺は街の大衆食堂や、ローカルカフェの多くの店で提供されている。ミシュラン掲載店の名店カレー麺からスープ麺にカレーソースをかけたお手軽カレー麺までその振り幅も広く、食べ比べ必須の国民食だ。

左上／「咖喱美食」とついた名を掲げる大衆食堂も多くこの麺を探す目印になる。　右上／タレに漬け込まれた具材。麺以外にも煮込みや炒めものとしても活用される。　右／下茹でされた牛バラ肉。これがカレー麺のうま味に貢献している。

現地の人はこう食べる。

★赤酢をかけると、味が調和されて、さらに食欲が進む。

★ランチに食べることが多く、並んででも食べたい人続出。

★小ぶりな器なので、スナック（小食）感覚でおやつに食べることも。

★上にのった豚バラカレーとジャガイモの単品料理もあるので、夕食に食べる人もいる。

memo

この店のカレーパウダーは、スパイスの香り高さをキープするため作り置きをせずに、毎日７種類のスパイスをミックスして作っている。下処理をしてから、２時間以上煮込んだ牛バラ肉は、塊が大きいながらも柔らかい。スープに使う醤油も一度煮直して雑味を取るなど、手が込んでいる。

参考価格：咖喱牛腩麺　MOP32。MAP ▶ P.138 Ⓒ⓯

葡《ポウ》國《ゴッ》雞《ガイ》

Galinha à Portuguesa

ポルトガルレストランにあるマカオ料理の代表格

名前に「葡國（ポルトガル）」と入っているが、実はこの料理はポルトガルには無い。ポルトガル人の冒険家がもたらしたスパイスやココナッツの恩恵を受けたマカオ料理だ。しゃれたカレー風味のココナッツシチューといったらわかりやすいかも。鶏肉やジャガイモといった具材がたっぷり。店によってターメリックやサフランで色づけされているが辛くはないので、辛いのが苦手な人にもおすすめできる。

参考価格：焗葡萄雞跟飯　MOP175。MAP ▶ P.142 Q 42

現地の人はこう食べる。

★この店ではごはんがついているので、一緒に食べるのがベスト。

★昼間からワインで乾杯しながら楽しむ人も多い。

左／パン党ならばポルトガルパンもおすすめ。シチューに浸しても良い。　右／この店は、ポルトガル人も多く利用している。大人な雰囲気が魅力的。

咖《カー》喱《リー》蟹《ハイ》
Caril de Caranguejo

いざ！　カニとの勝負！

参考価格：咖喱蟹　MOP420。MAP ▶ P.141 O 39
（入荷により価格変動あり）

カニカレーは豪快さが半端ない。到底一人では太刀打ちできない。大勢で食べればおいしさも倍増。カニを制するには、まずはあの硬い殻に挑まないと。いざハサミを持って戦闘開始。苦労しながらも、丸々とした身がお目見えした時は感動ものだ。カニの身はカレーソースをたっぷりつけて堪能。深みが先に、その後から辛みがグッとくる。賑やかに食べたいところだが、カニ料理の宿命だろうか、ついつい無言になってしまう。

現地の人はこう食べる。

★ソースはパンにディップしたり、ごはんにかけたりして残さず食べる。

★手袋があっても、けっこう汚れてしまうので、フィンガーボウルを用意してもらう。

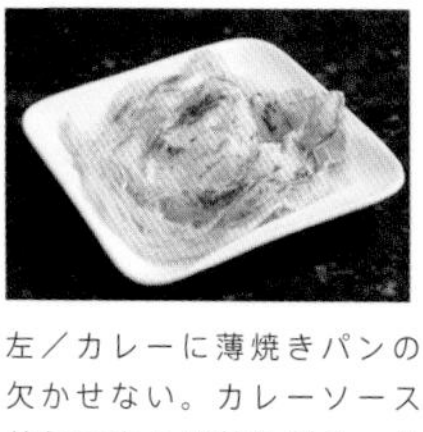

左／カレーに薄焼きパンの「油烤餅」（MOP23）は欠かせない。カレーソースにつけて食べる。　右／ハサミでカニの殻を割る。カニはスリランカ産やフィリピン産などを使用。

咖《カー》喱《リー》角《コッ》

どこに行ってもカレーパンは不滅

参考価格：咖喱角　MOP11。MAP ▶ P.136 Ⓐ❶

朝、昔ながらの街のパン屋さんでクロワッサン仕立てのカレーパンを見つけた。凝縮された挽肉のフィリングは、ほんのり八角の芳醇さがあり、アジアらしさのある魅惑の味。

レストランなどでは、メニューに同じ「咖喱角」と書いてあっても、春巻きのような薄い生地を三角形にしたサモサの場合もある。どちらにしてもスパイスの香りいっぱいだ。

現地の人はこう食べる。

★出勤前に立ち寄る人も多い。

★この店では持ち帰りだけではなく、奥にある食堂でも食べることができる。

★日本ならば牛乳と合いそうだが、マカオならば豆乳と一緒に。

左／街のパン屋さんは、凝ったデコレーション系のパンは少なく、素朴な味で勝負。色々と購入したくなる。　右／持ち帰り用の袋もレトロ感があってキュート。

咖《カー》喱《リー》雞《ガイ》翼《イッ》麺《ミン》

カレー味の鶏の手羽先に惚れる

初めての店で、どの料理を頼んだら良いかわからない時は、「あの人と同じものを」と注文するのが便利。カレーの手羽先麺もそのひとつで、他の人が食べていたのが気になって仕方がなかった。カレースープで煮込んだ手羽先がのった麺。麺をすすればカレーの風味がフワッとして、辛いのが苦手な人も食べられる程度のスパイシーさ。鶏肉といったら、モモ肉の方がメジャーだが、手羽先もなかなかだ。

参考価格：咖喱雞翼麺　MOP23　MAP ▶ P.142 Ⓢ46
（米線に変更のため＋MOP1）。

現地の人はこう食べる。

★よりスパイシーにしたい人は、注文時に辛めと言えばカレーソースを多く入れてもらえる。

★麺の種類が豊富で、細麺をインスタント麺に変更する人もいる。

★手羽先だけを皿盛りに。この店ではメニューにのっていないので、店員に声掛けする。

左／手羽先の具材だけをパンと一緒に頼めば、オリジナルセットの完成。「咖喱雞翼」（1本MOP6）。上／インスタント麺は子供も大好き。

咖《カー》喱《リー》魚《ユー》蛋《ダーン》

これぞB級グルメの王様

「カレーおでん横丁」と呼ばれる路地がある。その一角に足を踏み入れた途端、スパイスの香りが漂い、買ったばかりのアツアツを頬張る姿があちらこちらに。そう、マカオのB級グルメといえばこれ！　魚の練り物や野菜などの具材をカレー味のスープと合わせたカレーおでんだ。

店頭にずらりと並んだ串刺しの具材は、多い店では50種類ほどを用意していて、練り物、団子だけでも20種類以上。キノコ類や葉野菜、湯葉やグルテン麩もあったりして、いつも具材選びに迷ってしまう。

とろみのあるカレーソースのスープは濃厚&スパイシー。日本の家で作るカレーの味に少し似てるかも。色々と試したくなるので串の数が増えてしまいがちだが、器に盛ると予想以上のボリュームになってしまうので、お腹のすき具合の見極めが大切。

左上／練り物の他に野菜もおすすめ。　右上／昼を過ぎた頃から混み出す。　右中／持ち帰り専門店なので、空いたスペースで食べる人が多い。　右／牛バージョンの「牛雜」（MOP30）。実は、こちらが持ち帰りおでんの元祖。根強い人気がある。カレーおでん店で購入可能。

現地の人はこう食べる。

★店員が辛くしていいか聞いてくるので、OKならば辛めのカレーソースをかけてもらえる。

★串が添えられるので、それを使って食べる。

★インスタント麺や米麺もあるので、主食として利用する人も多い。

★混雑回避の狙い目は午前中。

memo

〈購入までの流れ〉

●専用のボウルとトングで好みの具材を自分で入れる。

●店員にボウルを渡すと湯がいてくれて、具材によってはカットしてくれる。この時に串は外される。

●スープ、カレーソースをかけてもらう。

●お支払い。

＊購入時は容器代がかかる（MOP1程度）。

参考価格：咖喱魚蛋　MOP60（1本MOP10）。MAP ▶ P.136 Ⓐ❸

摩《モー》囉《ロー》雞《ガイ》飯《ファン》

オリジナル感満載のチキンカレー

参考価格：摩囉雞飯　MOP90。MAP ▶ P.141 Ⓞ39

マカオにはカレー料理がたくさんある。それなら、カレーライス的なものがあるかと探し、前から評判が良いと聞いていた店へ。見た目もカレーライス風のこの料理は、まさに冒険家の味。カレーソースはターメリックとココナッツミルクが効いていてすごくマイルド。インドやマレー半島から伝わった食材満載。「ギー（バターオイルの一種）は使ってないからインドカレーじゃないわよ」。お店の方とのマニアックな会話も楽しい。

左／見た目に反して、少しオイリーな炒飯タイプ。オリーブとチョリソーでポルトガルらしさも。　右／カレーソースの下からは鶏モモ肉が。ボリュームがあり食べ応えもカツカレー級。

現地の人はこう食べる。

★他のメニューはカレーの単品メニューがほとんどだが、これはライスもあるので、1人ごはんの時も便利。
★他のメニューと合わせてシェアしても良い。

ちょこっと休憩

昔ながらの炭火焼き

炭火焼きの食べ物は、香ばしさもおいしさのひとつ。ガスが主流になった今、炭を使用した店はマカオでは貴重な存在だ。というのも、政府から新規の許可は下りないので、昔から継続している店のみが使用できる。老舗店の目安にもなるので、店頭のキッチンや露店などで使用しているのを見つけたら要チェック。

昔の炭は煙が多く発生したが今は「エコ炭」という煙がほぼ出ない炭を使用。環境的にも重宝されている。

焼烤（バーベキュー）店でも炭は大活躍。肉の脂が炭にしたたりスモーキーに。コロアンの海岸周辺は名店揃い。

屋台で営業を開始した55年以上も前から炭を使用。今では店の代名詞に。パンも外はカリッ、中はふんわりだ。

参考料理：猪扒包
MAP ▶ P.139 Ⓔ㉕

元々店舗で炭を使用したので同店の屋台でも継続して使うことができている。熱がまんべんなく回るのが特徴。

参考料理：減蛋金銭餅
MAP ▶ P.137 Ⓐ❾

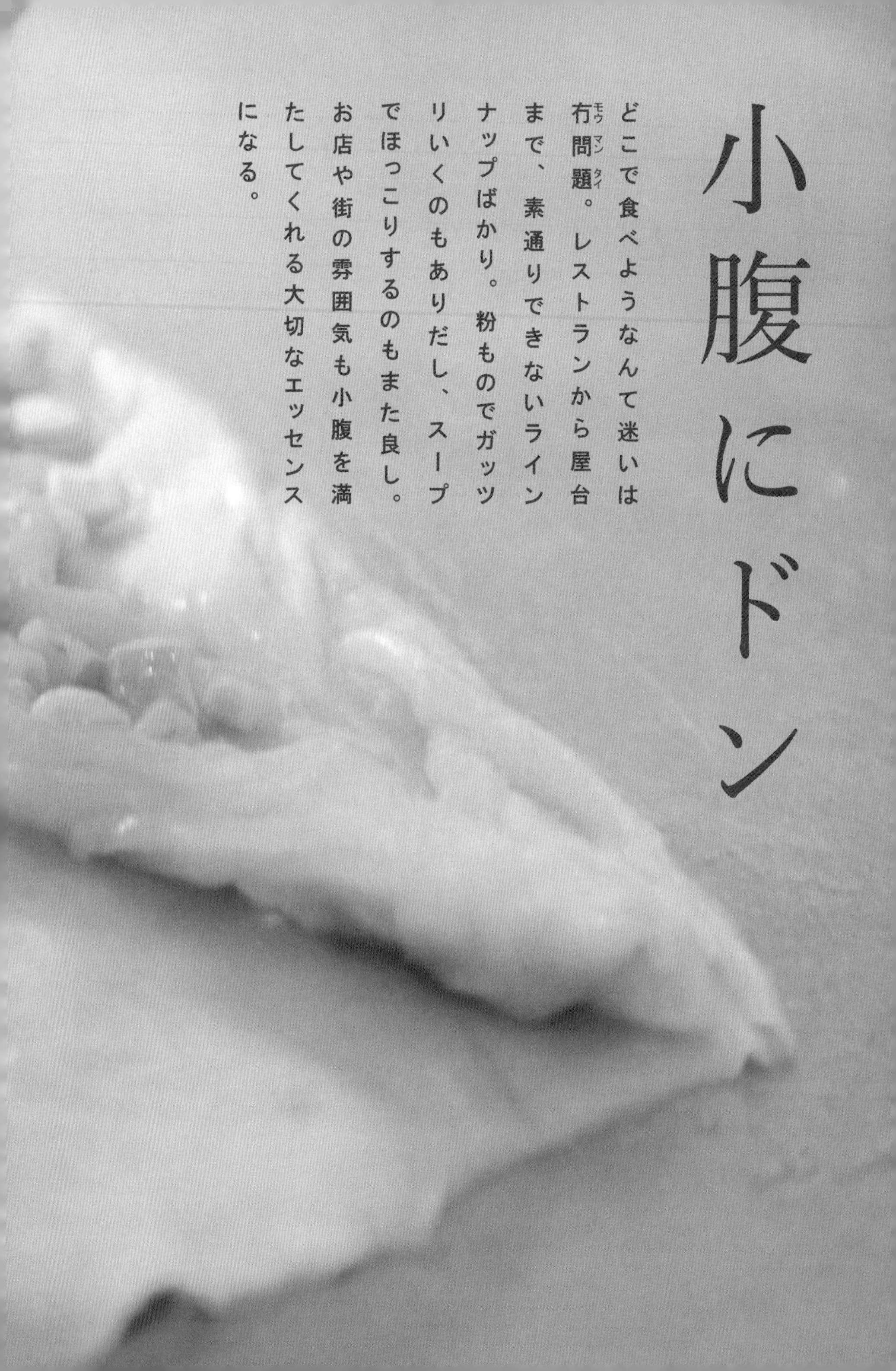

小腹にドン

どこで食べようなんて迷いは冇《モウ》問《マン》題《タイ》。レストランから屋台まで、素通りできないラインナップばかり。粉ものでガッツりいくのもありだし、スープでほっこりするのもまた良し。お店や街の雰囲気も小腹を満たしてくれる大切なエッセンスになる。

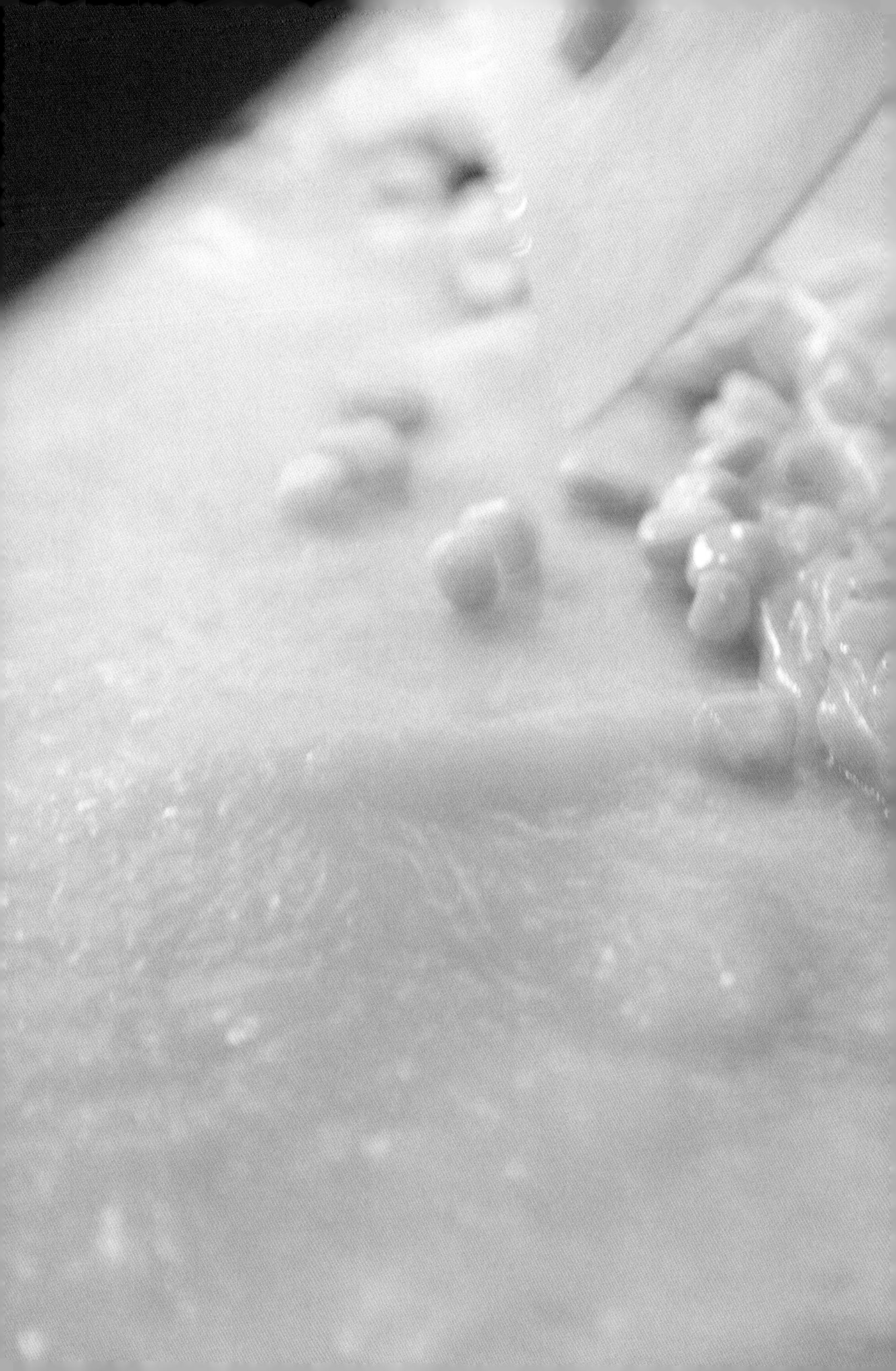

西《サイ》多《トゥ》士《シ》

カロリーなんて気にしないフレンチトースト

マカオや香港では、フレンチトーストは日常食。ちょっと変わったフレンチトーストがあるという情報を聞きつけ、興味津々でお店に行ってみたら茶色なビジュアルに目が点に。

チョコレートと思いきや、これは麦芽パウダー。日本では「ミロ」が有名だが、マカオや香港で麦芽飲料といえばスイス生まれの「阿華田」。揚げたフレンチトーストの上に敷き詰められた麦芽パウダー、さらにコンデンスミルクとバターもたっぷり。

追い打ちをかけるのは、中に潜むチーズ。フレンチトーストの甘さと塩気の絶妙さが、強烈にクセになる味なのだ。ここまで大胆ならば、もうカロリーのことなど気にするのはやめにしよう。聞けば、パティシエでもあるシェフの考案で、たちまち人気となりマネする店が続出したそうだ。

左上／SNSに上げたくなるようなビジュアルに若者たちは夢中。　右上／ナイフを入れると中からはチーズが。リピートしたくなる魅惑の味。　右／瓶で提供される冷たいミルクティー「凍奶茶」（MOP18）も人気。茶葉がしっかりと抽出された濃厚さ。

現地の人はこう食べる。

★フレンチトーストのお供は濃厚なミルクティーがおすすめ。
★阿華田ドリンクを一緒に飲めばより麦芽感UP。
★カロリーがちょっと気になる時は、プレーンのフレンチトーストを。
★注文率高し。ランチに食べる若者もいる。

memo

大衆食堂で提供されているフレンチトーストは、卵液にしっかり浸して焼くフレンチ式ではなく、卵液をくぐらせて揚げた香港式。揚げているとはいえパンの中まで油が浸透していることはなく、ふわふわの食感。プレーンタイプで意外に多いのが、キューブ状にカットしたタイプ。ナイフを使わずに、手軽に食べられるのも魅力。

参考価格：西多脆脆　MOP35。MAP ▶ P.139 E 22

點《ディム》心《サム》

あれもこれも止まらぬ点心欲求

朝の光景がこんなにも賑やかであり、穏やかな空間は他にない。ここは飲茶レストラン。点心をつまみながら中国茶を楽しむ広東ならではの食文化はマカオの日常に馴染んでいて、店員が忙しそうに蒸籠《セイロ》を積み上げたり、お茶を運んだりしている。蒸籠の中には焼売や叉焼まん、鶏の足といった中華ならではのものも。何を選ぼうか迷う瞬間である。

やっとのことで選んだ小さな蒸籠をテーブルに並べてみれば、なんともかわいらしい。唐辛子の魚のすり身詰め（釀辣椒《ヨンラッチウ》）は、さほど辛くなくさっぱりとしたおいしさ。甘辛い叉焼まんは不動の人気で箸が止まらない。

中国茶で口直しをしながら、今度はデザート系にも手が伸びる。人気はマーラーカオ。モチモチ感やしっとり感、優しい甘みが一体となる。飲茶を楽しむゆったりした時間だ。

左上／叉焼まんを頬張る笑顔が素敵な奥様とシャイな旦那様。写真にはいないがお子さんと３人でペアルック。右上／甘辛く味付けした豚肉のスペアリブ。一つひとつが小さいので食べやすい。　右／お店によってオーダー式かセルフサービス式があるが、この店は後者。

現地の人はこう食べる。

★好みの点心とお茶をセレクト。新聞を読みながらのんびり過ごす人もいる。

★麺類などのメイン料理と点心を1、2品選んで食べるスタイルも。

★普段の食事は街の飲茶レストラン。ちょっと豪華に楽しむならば、ホテルの飲茶レストランと使い分けも。

memo

昔ながらの飲茶レストランから高級ホテルの飲茶レストランまで、幅広く楽しめる。近年は、キャラクターや動物を模したデザート系点心や創作点心が人気。また、大学構内にある飲茶レストランが安くておいしいと話題に。一般の人にも開放されていて、家族連れも訪れている。

参考価格：飲茶各種 MOP30。芙蓉蛋飯（39 ページ）。MAP ▶ P.140 Ⓚ 32

豬《チュー》扒《パー》包《バウ》

タレのうまさが反則！　豚ロースバーガー

マカオ名物のローカルグルメであるポークチョップバーガーは、バンズに豚ロース肉が挟まっているだけのシンプルなバーガー。野菜も何も入っておらず、豚肉の存在感が主張される。豚肉からはショウガの香りがふんわり感じられ、生姜焼きのよう。中心地の外れにあるこの店では、バンズを炭火で焼いているのでより香ばしい。待っている間に隣のテーブルにいたヨチヨチ歩きの男の子とお遊び。現地の人との交流もローカルならではだ。

参考価格：豬扒包　MOP22。MAP ▶ P.139 Ⓔ㉕

左／豚肉はショウガやスパイスが入ったタレに漬けて味を馴染ませている。注文が入ったら焼いていく。
右／注文ごとに、バンズは炭火で焼く。

現地の人はこう食べる。

★基本はそのまま食べる。
★さつま揚げ風の魚餅バーガーもある。
★おしゃれなポークチョップバーガー店では野菜が挟まっていることもある。

叉《チャー》焼《シウ》蛋《ダーン》三《サン》文《マン》治《チ》

卵焼きのあったかサンドウィッチ

参考価格：叉焼蛋三文治　MOP22。MAP ▶ P.138 D 18

「サンドウィッチなのに温かい？」手に持った瞬間、食パンからの熱が伝わって一瞬ビックリする。しかし、それは挟んである出来立ての卵焼きの温かさだ、ということがわかり嬉しくなる。卵焼きだけのシンプルなものもいいのだが、甘めに味付けされたチャーシューがアクセントになって、ハマってしまうほどに頬張るのが楽しくなるのだ。朝食定番のサンドウィッチなので、早朝から足を運んでみよう。

左／この店のパンはすべて自家製。3階にある厨房から下のフロアへ次々と運ばれる。　上／焼き立て食パン1本を購入して家で食べる人も。

現地の人はこう食べる。

★新聞を片手にサンドウィッチを頬張るのが日常の朝の光景。特に男性は至福の時間といえる。
★店では、温かいコーヒーやミルクティーと共に食べるのがベストマッチ。
★時にはトーストにして食べる。

布《ボウ》拉《ライ》腸《チョン》粉《ファン》

布式クニュクニュライスクレープ

点心のメニューやスナックとしても人気の腸粉。米粉溶液を蒸した料理だが、調理方法が2つあるという。一つは、ステンレスのバットに直接、溶液を流す方法。これはよく見かける。もうひとつは、布を敷いてその上に溶液を流す方法だ。これは後者。布を通じてより均等に蒸気が上がり、きれいに仕上がるという。米粉特有のツルン&クニュッとした食感に卵の味が加わって、よりおかずっぽい味わいに。

点心メニューだと、ひき肉入りの醤油ダレが定番だが、スナック感覚で食べられるローカル専門店ではタレが選べる。おすすめのタレは?と店主に聞けば、「全部だよ」とゴマ、醤油、チリ、3種のタレをたっぷりかけてくれた。マカオでは腸粉専門店や点心レストランなど、色々な場所で食べられるが、布で作る腸粉は今や5軒ほど。貴重な存在だ。

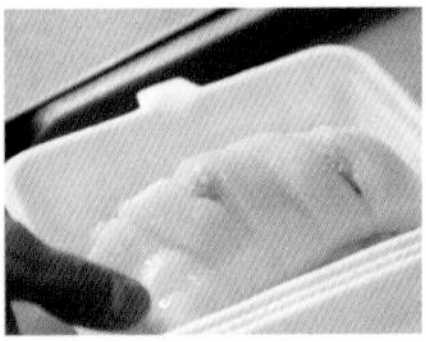

左上/大きく広げられた布に一気に生地を流し込む。混みあってくるとキッチンには蒸気が上がって一気に曇り気味に。　右上/こちらは通常の白い生地。艶々のプルンプルン。ミンチ肉やコーンなど、バリエーションが豊富。右/溶き卵が流されると生地が黄色に覆われた。

現地の人はこう食べる。

★イートインできるが、テイクアウトの人がほとんど。
★近所の人やオフィスで食べる用として、朝から持ち帰る人が多く訪れる。
★3種類のタレはお好みで、自由にかけることができる。

memo

米粉を溶かして生地にする腸粉は同じように見えても、各店でこだわりがある。取材したこの店ではモチモチ食感をいかした生地を作るために、数種の米をブレンドしてから粉にしている。形状はライスクレープ状のものもあれば、それをスティック状に巻いて細長くしたものもある。

参考価格：蔥花雞蛋腸　MOP33。MAP ▶ P.138 Ⓒ17

雞《ガイ》絲《シー》翅《チー》

まさに癒し系ストリートフード！

すぐ横で仲睦まじく食べている老夫婦の姿を見ているだけで、お腹も心もほっこりしてくる。ここは入り組んだ道が多いローカルエリアの街角。屋台が出現する夕方の時間帯は、夕食前の小腹満たしにぴったり。とろみのあるスープの中には、鶏肉や春雨、溶き卵がたっぷり。すべての具材が極細なので、まるで糸のようにスープに広がっている。春雨はフカヒレ（翅）の食感に似ているが、翅「風」だということを忘れてはいけない。

参考価格：雞絲翅（小） MOP10。MAP ▶ P.139 E 24

現地の人はこう食べる。

★テーブルがあるので、さっと食べて帰る人も。
★アクセントにゴマ油、赤酢、白コショウをお好みでかける。
★すぐそばにある映画館の上映前後に訪れる人も多い。

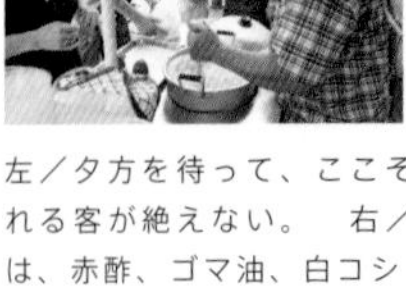

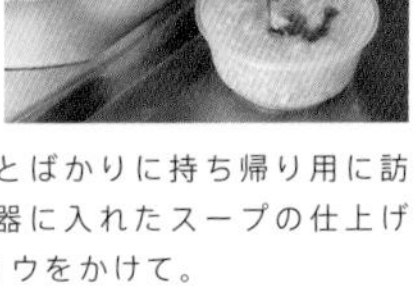

左／夕方を待って、ここぞとばかりに持ち帰り用に訪れる客が絶えない。　右／器に入れたスープの仕上げは、赤酢、ゴマ油、白コショウをかけて。

椒《チウ》鹽《イム》粟《ソッ》米《マイ》

トウモロコシはハーモニカ食べ派

夕食時に、まず食べたいと思うのがこれ。茹でたり焼いたりして食べるトウモロコシは、レストランでは副菜メニューとして提供されている定番。しっかりコショウが効いていて、アルコールにも合う、日本でいう枝豆感覚。トウモロコシの甘みとスパイシーさに手が止まらなくなる。日本では横に輪切りにしたりするが、マカオは縦に細長い。これはハーモニカ食べにジャストフィット。もう、一粒ずつ食べてなんていられない。

参考価格：椒鹽粟米　MOP48。MAP▶P.140 G 28

現地の人はこう食べる。

★夕食時のビールのお供。
★特にローカルの海鮮レストランでの提供率高し。
★トウモロコシの回りに散ったコショウもつけながら味わう。
★コショウと塩だけでなく、チリなどのスパイスをふっている店もある。

市場で売っているトウモロコシ。黄と白の混ざった甘みの強いバイカラー種が多く揃う。ちょと変わった色のトウモロコシも身近な存在だ。

鍋《ウォッ》貼《ティッ》＋生《サン》煎《チィン》包《バウ》

粉もの好きに捧げるストリートフード

ちょっと路地を覗けば、そこには人だかりができていて、おいしいストリートフードが待っている。普段は飲茶レストランで食べている鍋貼や生煎包もそう。店頭にある大きな鉄鍋でジュージューと音を立てながら蒸し焼きされている様子は圧巻。少し厚めの生地はモッチモチの食べ応えでお気に入り。ストリートフードは少量から購入できるのが良い。３個ならば小腹を満たすスナック感覚、６個ならば素早く食べられるランチにも。

参考価格：小上海　上海鍋貼（3 個）　MOP5　MAP ▶ P.136 Ⓐ ❷
上海生煎包（2 個）　MOP5。

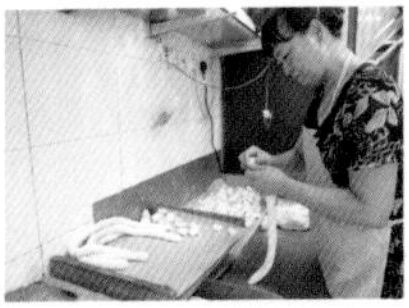

上／素早い作業で生地を作っていく店員さん。作っては焼きを繰り返す。　右／中身は豚ひき肉とネギのシンプルなもの。平たく焼いた蔥油餅もおすすめ。

現地の人はこう食べる。

★学校帰りの学生も頻繁に立ち寄る。少量サイズは財布に優しい。
★自宅で楽しむならば、大量買いは当たり前。10個単位で購入。
★備え付けのラー油をお好みでかけて食べる。

千《チン》層《ツァン》酥《ソー》皮《ベイ》角《コッ》

Pastel de Carne

しょっぱい系のポルトガルパイ

参考価格：酥富甠（牛肉） MOP10。MAP ▶ P.136 A 7

セナド広場周辺は、その場で食べられる魅力的な食べ物がたくさん。アジアらしい食べ物が揃う中で、ポルトガル的なスナックならばこれ、ビーフパイだ。１３０層にもなったサクサクのパイ生地の中には、牛ミンチ肉。甘いおやつ系がエッグタルトならば、しょっぱいおかず系はビーフパイ、という感じだろうか。甘党でない人でもこれならば食べやすそう。探求心をそそられるパイがいろいろあるので、食べ比べが楽しくなる。

左／店内にあるオーブンでは、一日何回もパイが焼かれていて、出来立てが食べられる。　右／パイの中からはミンチ肉。同様にチキンパイ（MOP10）もある。

現地の人はこう食べる。

★テイクアウトして自宅でおやつタイムを楽しむ人も。
★スタンド式だが、店内で食べることができるのでふらりと立ち寄って。

ちょこっと休憩

おかずパラダイスに潜入！

現地の人たちの生活を垣間見ることができる場所へ行くとワクワクしてくる。マカオでそんな体験をできるのが、義《イー》字街《チーガーイ》周辺だ。商店や屋台には、煮込みやロースト肉などが並んでいて、まさにおかずパラダイス。胃袋を刺激する香りが至る所から誘いをかけてくる。ここは現地の人にならって買い物してみよう。

こちらは練り物専門店。魚のすり身を揚げて、さつま揚げに。女性の買い物客が多いかと思いきや、ふらりと訪れる男性客もけっこう多い。

煮込み系のおかずを取り扱う店。ほぼ茶色だが、この色合いはみんな大好き。量り売りや個数で購入できて便利。近くの広場で食べよう。

野菜や果物を売る店も多く出ている。日本では見かけない野菜や同じ野菜でも大きさが違うものもあって、見ているだけで楽しい。

しばし見入ってしまうのが、丸鶏や豚肉のローストを扱う店。間近にみると迫力満点。飲食店では見られない豚の鼻まであるのにはびっくり。

義字街 MAP ▶ P.139 Ⓔ㉓

おかず図鑑

黒《ハッ》白《バッ》配《ブイ》

マカオの人たちが大好きな豚皮とキクラゲの煮物。ムギュとした食感がおもしろい。

包《パウ》

チャーシューやカスタードなど、多くの種類が売られている。食べ歩きにぜひ。

茶《チャー》果《グォ》

粽と同様の具材だが、もち米粉で作っているのでツルっとした食感の茶菓子。

粽《ゾン》

もち米のおこわ。モチッとした食感で腹持ちが良い。肉やアズキ入りなど様々。

鼓《シー》汁《チャッ》鳳《フォン》爪《ザーウ》

鶏の足先を甘しょっぱく味付けしたもの。点心でもおなじみの料理。

甜《ティム》酸《シュン》排《パイ》骨《グワッ》

揚げた豚肉のスペアリブを甘酢で絡めたもの。ビールにも合う。

鹽《イム》焗《ゴッ》蛋《ダーン》

塩で味付けした茹で卵。炒った塩をまぶして作るのが定番スタイル。

豬《チュー》腳《ギョッ》薑《キョン》

豚足や卵など具沢山。濃厚の域を超えた甘酸っぱさにショウガのインパクト大。

豉《シー》油《ヤウ》雞《ガイ》翼《イッ》

鶏の手羽先の醤油煮込み。さっぱりとしたうま味。普段はモモ肉派という人にも。

叉《チャー》燒《シウ》

ロースト肉の定番チャーシュー。ハチミツが染み込んだふんわりとした甘み。

おやつ

中国系の素朴なおやつから、ポルトガルの伝統おやつまで、別腹パラダイスなマカオ。甘くて酸味のあるフルーツデザートやココナッツや卵の風味たっぷりのデザート、ショウガやゴマといった健康志向のデザートなど、どのシーンで食べても頬が緩む。

薑《キョン》汁《チャッ》撞《チョン》奶《ナイ》

時間との勝負！　即食べるべし！

マカオの名物デザートといえば牛乳プリン。しかし、地元の人たちの間で「これ！」と声があがるのは、ショウガプリンだ。通常は牛乳で作るが、これは水牛の乳。普通の牛乳よりも濃厚で固まりやすいという。食べた瞬間、「これは、たまらん」と思わず声が出てしまった。プリンは口の中で一瞬にして無くなってしまうのに、インパクトのあるショウガの香りとまろやかな牛乳の余韻がしっかりと残る。これも水牛の乳ならではの濃厚さの特徴だ。

食感はまるで赤ちゃんの肌のように柔らかい。なので焦りは禁物、優しく扱わないと。聞けば、「牛乳を注ぐ時の温度が重要」だという。温度は高すぎても、低すぎてもダメだ。

ショウガは体を温めてくれるので、温かい食べ物を好む地元の人たちから支持されているのも頷ける。

左上／黄色が鮮やかなショウガ汁がスタンバイ。　右上／ショウガ汁めがけて優しく流し込む。作業している最中から隣にあるプリンが固まってきた。　右／名人の早業でショウガプリンを作る店員。彼女の感覚がショウガプリンの要となる。

現地の人はこう食べる。

★繊細なプリンなので、深くレンゲを入れずに、表面を削ぐようにして食べる。

★でき立てが命なので、持ち帰りは不可。素早く食べてサッと帰る人もいる。

★冷たいプリンが食べたい場合は、牛乳プリンがおすすめ。

★食事後やアルコールを飲んだ後の〆として利用する人も多い。

memo

このデザートは広東省・佛山市にある順徳という町が発祥。水牛乳のたんぱく質とショウガ汁の酵素が混ざった瞬間に固まる。固まる境目の温度はある程度決まっているが、そこは名人店員の経験の勘が冴える。ここだ！　という瞬間を狙って流し込む。みるみるうちに凝固して、ちょっとした感動ものだ。

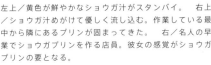

参考価格：薑汁撞奶　MOP30。MAP ▶ P.137 B 10

葡《ポウ》撻《タッ》

Pastel de Nata

マカオで食べたいおやつNo.1

マカオ半島から南下することバスで30分。降り立った瞬間、のどかな雰囲気が目の前に広がって、すぐ先にはたくさんの人だかり。地元の人から観光客まで、多くの人に愛されているエッグタルトの店だ。マカオのエッグタルトは1999年まで影響下にあったポルトガル式。サクサクのパイ生地に濃い目の焼き色のついたカスタードクリームが特徴。卵黄のみを使用しているので、濃厚さがより際立つ。後味はさっぱりしていて、正直1つでは終われない。カジノのネオンも高い建物もない、心地良い風に吹かれながらエッグタルトを食べるのが至福の時間。さらに、もうひとつ忘れてはいけないのが、広東式のしっとりエッグタルト。パイ生地のポルトガル式に対して、広東式はクッキー生地の塩気のあるタルトなので、こちらもぜひ。

左上／エッグタルトの卵は、卵黄のみを使用しているため、卵白はパウンドケーキにして販売。　右上／本店だけでも8千個が売れるという。焼き立ての香りが店内に広がる。　右／焼き色がしっかりついているのが特徴。何層にもなったパイ生地もサクサクだ。

現地の人はこう食べる。

★朝一番の焼き立てを目指して午前中に買いに行く。

★パウンドケーキやパイなど、他の軽食もおいしいので、一緒に購入。

★おやつ用に買って自宅で楽しむ。

★パン屋さんや小食店でも焼き立てが提供され、コーヒーと一緒に楽しむ人も多い。

memo

マカオに住むイギリス人のアンドリューズ氏が、訪れたポルトガルでエッグタルトのおいしさに感動。1989年に専門店を開いたのが、マカオにポルトガル式のエッグタルトが定着したきっかけ。その人気から、1999年には日本にもエッグタルトブームが巻き起こった。今ではエッグタルトを買い求める店の行列もマカオ名物のひとつ。

参考価格：安徳魯蛋撻　MOP10。MAP ▶ P.142 S 45

杏《ハン》汁《チャッ》燕《イン》窩《オウ》桃《トウ》膠《ガウ》燉《ダン》椰《イエ》皇《ウォン》

まん丸ボディの白顔美人

フルーツなどの中身をくり抜いて容器にしているデザートは数多くあるが、このココナッツも同様。中からは杏仁の甘い香りを漂わせたプリンがお目見え。ココナッツ自体に派手さはないが、気になる存在発見。中国大陸からやってきた桃膠だ。桃の木の樹脂を溶かしてゼリー状に固めたプルプルの新感覚。一気に人気が出て、今や定番のトッピングに。仕事で疲れた顔をしていると、美顔的にこれをすすめる人も。ならば、おかわり！

参考価格：杏汁雪燕桃膠燉椰皇　MOP79。MAP ▶ P.138 Ⓒ ⑭

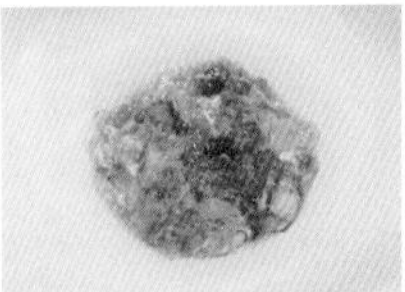

桃膠はピーチガムとも呼ばれていて、漢方スープに入っていることも。

現地の人はこう食べる。

★デザート専門店はもちろん、夜市の露店にも登場するほど。
★夜のおやつとして、食事後に食べにくる客も多い。
★桃膠なしのスタンダードなココナッツプリンも人気。

揚《ヨン》枝《チー》甘《カム》露《ロウ》

フルーツの最強デザート登場

参考価格：揚枝全撈（小）　MOP36。MAP ▶ P.138 Ⓒ⑭

「デザート何食べよう?」なんて時に、忘れてはいけないのが、マンゴーとポメロがたっぷりのデザートスープ。マンゴーの濃厚な甘みと柑橘系のポメロの弾けるプチプチ感はリピート間違いなし。最初にこの組み合わせを考えた人は天才。小さな白タピオカが入っているのが定番だが、この店ではイクラのようにプチッと弾けるアガアガゼリーが入って、口の中が忙しい。ローカル店から高級店まで幅広く食べ歩いてみて。

現地の人はこう食べる。

★デザート専門店のテッパンデザート。これを目当てにする人も多い。
★マンゴーアイスを加えた大きいサイズも人気。
★ドリンクタイプのペットボトルもあって、コンビニやスーパーで購入できる。

左／手前がゴールデンポメロ。奥が一般的なポメロ。通年出回っていて、中国本土やタイからやってくる。　右／これはカレーライス？　思わず笑ってしまうアイデアのマンゴーデザートもある。

沙《サー》翁《ヨン》

素朴がおいしさのエッセンス

小豆餡もクリームも入っていない、白砂糖がかかっているだけのプレーンドーナツ。見た目は大きいけれど、ふわふわで空洞があったりするからペロッといける。この素朴さは、子供の頃に食べた味に似ている。購入場所も大衆食堂や昔ながらのパン屋さんだから余計に懐かしさを感じるのかも。店ではフォークがついているので、上品ぶって切って食べてはいるけれど、本心は口のまわりに砂糖がつくのも気にせずに、パクつきたい！

参考価格：沙翁　MOP6。MAP ▶ P.138 Ⓓ 18

左／新聞文化が残るマカオでは、男性が新聞片手に朝のコーヒータイムを過ごすのがお決まりの光景。　右／店内にはでき立てのサーヨンがたくさん。山盛りでもすぐに無くなってしまう。

現地の人はこう食べる。

★朝からでき立てのドーナツを購入する人続出。
★おやつはもちろん、朝食代わりにする人もいる。
★ドーナツにはコーヒーがぴったり。ゆったりとしたおやつタイムに。

雪《シュ》糕《コウ》

生フルーツ感覚のレトロなアイス

参考価格：三色雪糕（ココナッツ、マンゴー、イチゴ） MOP38。

MAP ▶ P.139 F 27

街歩きのおやつタイムにアイスクリーム。特にフルーツ系はさっぱりしていて疲れも吹っ飛ぶ。昔ながらの製法で作られたこのアイスは、フルーツの割合が多く溶けにくいことが特徴。天然色のビビットカラーにキュンとなる。他にもマレー半島から伝わったというココナッツも濃厚なアイスに変身だ。街を歩けば、フルーツの王様ドリアンやセラドゥーラのアイスもあり、昔ながらの専門店からおしゃれな新店まで、季節問わず食べたくなる。

左／「雪糕紅豆冰」（MOP23）は、アズキフロートのこと。マカオの人も大好き。　上／レトロ感ある店内。

現地の人はこう食べる。

★フルーツの他にチョコやゴマなど、11種類ある中から1～3種類を選ぶ。

★ファミリーサイズ（ハーフサイズ～1ポンド）を持ち帰る人も。

★オリジナル箱入りのウエハースに挟んだ3色アイスもあり、食べ歩き用に立ち寄る人もいる。

木《モッ》糠《ホン》布《ポウ》丁《ディン》
Serradura
愛しのポルトガルデザート

ポルトガルレストランでの〆といえばこれ、ポルトガル名「セラドゥーラ」。本当は、ボウルいっぱいに食べたいくらい恋しいデザート。パウダー状に細かくしたビスケットとなめらかなクリームが層になっていて、スプーンですくうたびに、一緒に口の中に飛び込んでくる。店によってほんの少しアレンジの違いはあるが、スタンダードな味を崩さないのも長く愛される秘訣かも。カフェでの提供や専門店もあるから、街歩き中でもどうぞ。

参考価格：木糠布丁　MOP68。MAP ▶ P.139 Ⓕ㉖

現地の人はこう食べる。

★甘いセラドゥーラとミルク入りのコーヒーを一緒に。
★グラスに入っていたり、型抜きしたり、スタイルは店それぞれ。
★アイスクリームのように硬く冷やしている場合もある。ちょっと溶けた感じが良いか、食べ時のタイミングはお好みで。

アラカルトで注文しフルコース風にするのも楽しい。焼沙甸魚（75ページ）や焗鴨飯（41ページ）と共に。

芒《モン》果《グォ》椰《イエ》汁《チャッ》糕《コウ》

このストライプを見たら即買い

ストライプのコントラストがかわいいゼリー状のデザート。マンゴーの爽やかさと濃厚なココナッツミルクの甘みがマッチしていて、味のコントラストもしっかり。一層ずつ作られたストライプは、かわいさの反面、手間がかかっている。「糕」は小麦粉や米粉などを使ったお菓子の総称。ストライプ系の仲間でいえば、飲茶のココナッツミルクと小豆の糕があったり、街の東南アジア系の店にも米粉で作った糕があったりして奥が深い。

参考価格：芒果椰汁糕　MOP5.5。MAP▶P.136 Ⓐ❻

現地の人はこう食べる。

★ココナッツは鮮度が大切。すぐに食べるべし。
★市場のフードコート（熟食中心）や屋台にもあるので、買い物帰りに購入しておやつに。

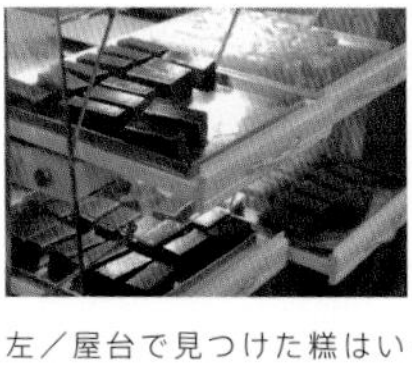

左／屋台で見つけた糕はいっそうカラフル。ココナッツミルクベースの生地に色付けしている。　右／層になっていない糕もある。食感は「ういろう」よりもちょっと柔らか。

芝《ジー》麻《マー》糊《ウ》

漢方に囲まれて食べる黒ゴマデザート

健康促進の象徴ともいうべき黒ゴマは、デザートとしても取り扱う店が多い。特に濃厚さが際立つ黒ゴマのお汁粉はその筆頭。実はこれを食べているのはデザート専門店ではなく、漢方を取り扱う健康食品店。ゴマが石臼で滑らかにすられていく光景を見ながら食べるのも楽しいいし、漢方に囲まれていると不思議と安心感がある。とはいえ、簡易イスがあるだけの店なので、アツアツのお汁粉を置くところがない。さて、どうしたものか……。

参考価格：芝麻糊（小） MOP14。MAP ▶ P.136 Ⓐ❻

上／店内には、現地の人たちの健康の源である健康食品がずらりと並ぶ。 右／石臼からゆっくり流れ出ているのはクルミ汁。こちらも次々に売られていく。

現地の人はこう食べる。

★漢方を購入するついでに買って帰る人が多い。
★店内で店員と楽しく会話しながら、食べていく常連さんも。
★クルミバージョンもある。

減《ハン》蛋《ダーン》金《ガム》銭《チン》餅《ベイ》

お金の形の素朴菓子

見た目も素朴な菓子である。使用している材料も小麦粉、砂糖、卵、バターだけ。懐かしさを感じる甘い味。丸い形がまるでお金（銭）のようだと名付けられたという。生地をちぎって鉄製の焼き器で押し焼きを繰り返す。ほんのり温かな状態で食べると、しっとりと生地が手に馴染む。以前は店舗があったが先代が店を閉じ、今は息子さんがセナド広場で営む屋台のみ。この日は、私でちょうど生地が無くなって営業終了だ。ラッキー！

参考価格：藩榮記　MOP20。MAP ▶ P.136 Ⓐ 9

現地の人はこう食べる。

★焼き立てを食べるのが一番！ふんわり温かな生地。
★午後のみの営業なので早めに。生地が無くなり次第終了。
★子供のおやつ用に購入する親子連れもいる。
★最低MOP20（12枚程度）〜ほしい金額分購入できる。

左／2つの焼き器を巧みに操り、早業で次々と焼きあげていく。焼いているのはガスではなく炭火だ。　上／少し形がいびつなのも手作りならでは。

ちょこっと休憩

日常のコーヒーと涼茶

イギリスの影響下にあったお隣の香港が紅茶文化ならば、ポルトガルの影響下にあったマカオはコーヒー文化。「咖啡美食」と呼ばれる大衆食堂やポルトガルレストラン、ポルトガル人が集うカフェでコーヒーを楽しむ人が多い。マカオらしいのが、取っ手と注ぎ口が90度ほどの角度で付いている瓦煲（ガーポウ）。これは急須に似ているが、その大きさは数倍にもなる。元々は漢方を煎じるポットだが、コーヒーにも多用されている。

訪れた「新英記咖啡麵食」のコーヒー豆は業者に頼んでいるオリジナルブレンド。それをこの道60年のベテラン女性が瓦煲を使って丁寧に淹れていた。

一方、高温多湿の気候のマカオで、身体

コーヒーいろいろ

瓦煲咖啡

高い位置からコーヒーを何十回も入れる替えることで空気が含まれ、まろやかな口当たりに。ポット（瓦煲）に丸みがあるので、コーヒーが中で循環する。

MAP ▶ P.139 Ⓔ25

檸檬咖啡

マカオでは飲み物にレモンを多用するが、コーヒーにまで入れるとは。コーヒー独特の酸味と違い、意外とさっぱりして飲みやすい。

MAP ▶ P.137 Ⓑ10

Bica

ポルトガル式エスプレッソのビカ。ポルトガルのメーカー「DELTA」のコーヒー豆がよく使われている。凝縮した苦みがあり、ミルクを添えるのが一般的。

MAP ▶ P.141 Ⓟ40

トレンド

カフェブームが到来。若手のバリスタや芸術家が手掛ける店が増え、ロースターなど最新マシーンを設備した本格的コーヒーを提供。

MAP ▶ P.139 Ⓓ20

の中に熱を溜めないよう日常的に飲まれているのが涼茶。漢方をブレンドしたもので、それぞれに効能があり、その日の体調によって飲み分けるのだ。

「百家昌涼茶」は中国医学医師一家の家族経営店。祖父の秘伝レシピで涼茶を作っている。店では、客の症状ごとに別々の涼茶をブレンドしたり、客の舌を見て体調を把握したりもする。涼茶は苦みがあるので、若い人は敬遠するかと思いきや、まるでタピオカミルクティーを買うかのように気軽に店を訪れていた。

涼茶いろいろ

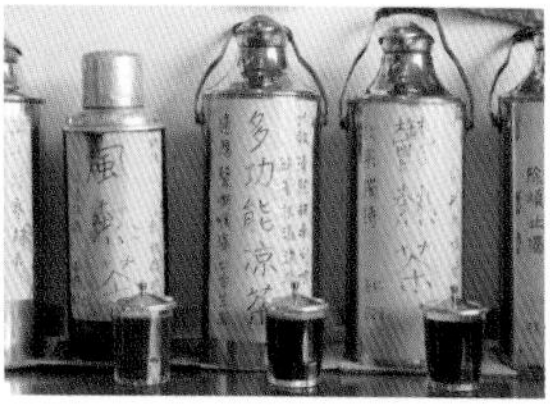

「風熱茶」（左）は風邪をひいた時に。「多功能涼茶」（中）は、オールマイティーに。「鬱熱茶」（右）は頭や身体がだるい時に。字を見るとどんな症状に対応しているかわかりやすい。

MAP ▶ P.137 Ⓑ⑪

「曼球果膏」は、22時間もかけて自然に固まった漢方ゼリーで店のオリジナル。症状によって菊花茶などを混ぜた「五花茶」を注いだりする。花の爽やかな香りにリラックスできる（写真は五花茶を注いだ状態）。

「龜苓膏」は亀ゼリーのこと。強烈な苦みがあるが、甘いシロップをかけると食べやすくなる。通常は亀の腹甲のみを使うが、この店では甲羅も使い、より効能を高めている。デトックスに良さそう。

これでもっと楽しく！指さし広東語

公用語は中国語の方言である広東語とポルトガル語。レストランによっては広東語とポルトガル語が併記されている。ローカルの店では、広東語オンリーというケースもあるが、指さしを活用してコミュニケーションをとってみよう。

…… オーダー時に伝えたいこと ……

係《ハイ》度《ド》食《セッ》
ここで食べます。

俾《ベイ》張《ジョン》餐《チャン》牌《パイ》我《オー》
メニューを見せてくれますか？

有《ヤウ》咩《メー》好《ホウ》介《ガイ》紹《シウ》？
おすすめは何ですか？

有《ヤウ》冇《モウ》「　　」？
「　」はありますか？

呢《ニ》個《ゴ》係《ハイ》乜《マッ》嘢《イエ》？
これは何ですか？

呢《ニ》個《ゴ》係《ハイ》幾《ゲイ》個《ゴ》人《ヤン》食《セッ》㗎《ガ》？
これは何人分ですか？

佢《コイ》食《セッ》緊《ガン》嗰《ゴー》個《ゴ》係《ハイ》咩《メー》嚟《レイ》？
あの人が食べている料理は何ですか？

我《オー》想《ション》要《イウ》佢《コイ》食《セッ》緊《ガン》嗰《ゴー》個《ゴ》
あの人と同じものをください。

唔《ム》要《イウ》
いりません。

要《イウ》呢《ニ》個《コ》

これをください。

走《ザウ》「　　」

「　」を入れないでください。

…… 料理が出てきたときに伝えたいこと ……

呢《ニ》啲《ディ》菜《チョイ》點《ディム》食《セッ》？

この料理はどうやって食べますか？

邊《ゼン》啲《ディ》醬《ジョン》料《リウ》啱《アーム》呢《ニ》道《ドウ》菜《チョイ》？

どの調味料がこの料理に合いますか？

俾《ベイ》啲《ディ》細《サイ》碟《ディッ》我《オー》

取り分け用の小皿をください。

想《ソン》要《イウ》多《ドー》一《ヤッ》個《コ》

もうひとつください。

叫《ギュウ》咗《ジョー》「　　」未《メイ》来《ライ》

「　」がまだきていません。

可《ホー》唔《ム》可《ホー》以《イー》影《イン》相《ソーン》？

写真を撮っていいですか？

可《ホー》唔《ム》可《ホー》以《イー》幫《ボン》我《ゴー》影《イン》幅《フッ》相《ソーン》？

写真を撮ってもらえますか？

わかると便利

招《ジウ》牌《パイ》菜《チョイ》	小《シウ》食《セッ》・小《シウ》菜《チョイ》	甜《ティン》品《バン》	飲《ヤム》品《バン》	另《レン》加《ガー》
看板メニュー	サイドメニュー	デザート	飲み物	追加
套《トウ》餐《チャン》	外《オウ》賣《マイ》	外《オイ》賣《マイ》盒《ハッ》	選《シュン》擇《ジャッ》	收《サウ》據《コウ》
セットメニュー	テイクアウト	持ち帰り容器	オプション	レシート

食器類

筷《ファーイ》子《ジィ》	匙《チー》羹《ガン》	叉《チャー》	刀《ドウ》	碟《ディッ》
箸	スプーン	フォーク	ナイフ	皿
椀《ウン》	杯《ブーイ》	飲《ヤム》筒《トン》	紙《ジー》巾《ガン》	膠《ガーウ》袋《トイ》
お碗	コップ	ストロー	ティッシュ	ビニール袋

単位

一《ヤッ》位《ワイ》	一《ヤッ》個《コ》	一《ヤッ》碗《ウン》	一《ヤッ》碟《ディッ》	一《ヤッ》包《バウ》
1名	1個	1杯	1皿	1パック
一《ヤッ》隻《ジェッ》	一《ヤッ》斤《ガン》	一《ヤッ》両《リョン》	一《ヤッ》粒《ラッ》	一《ヤッ》塊《ファーイ》
1羽	600g	37.5g	1粒	1枚

しゃべってみたいフレーズ

唔《ム》該《コイ》！
すいません！(店員を呼ぶ時、何かをしてもらった時)

多《ドー》謝《チェ》
ありがとう

好《ホウ》鍾《ジョン》意《イー》
とても気に入りました。

幾《ゲイ》銭《チン》？
いくらですか？

請《チェン》你《ネイ》寫《セー》吓《ハー》
書いてください。

洗《サイ》手《サウ》間《ガーン》喺《ハイ》邊《ビン》度《ドゥ》？
トイレはどこですか？

好《ホウ》食《セッ》
おいしい

拎《レン》走《ザウ》
持ち帰ります。

唔《ム》該《コイ》埋《マイ》単《ダン》
お会計をお願いします。

我《オー》會《ウイ》再《チョイ》返《ファーン》來《レイ》食《セッ》
また食べに来ます。

大三巴餅家
日式豬骨湯拉麵
湯泡飯

時代

マカオへのフードトリップはマカオ航空がおすすめ

日本から唯一直行便を飛ばしているマカオ航空なら、乗り継ぎの不安や時間のロスもなく、快適な旅ができる。到着するマカオ国際空港はコタイ地区にあり、滑走路に下りると、すぐ目の前には煌びやかなIR（総合型リゾート）ホテル群が立ち並ぶ。筆者も頻繁に利用していて、ホテルや観光地への移動の便利さを実感。

東京、大阪、福岡からマカオへ快適な旅

成田、関西は毎日運航福岡は週４便

成田国際空港、関西国際空港からは、2019年に毎日２便のダブルデイリーを開始して、より便利に。福岡空港は、月水金日の週４便を運航。各都市からマカオへは約４～５時間で到着だ。また、福岡⇔マカオ便限定で25歳以下の学生割引運賃「学割U25」を実施していてお得。

シートチャート

日本～マカオ路線にエアバス社製 A319、A320、A321 の３機種を導入。ビジネスクラスはくつろぎの専用スペースで、シートピッチは106.7cmと足を伸ばしてしてリラックスできる。エコノミークラスは順次リニューアル。より座り心地にこだわったウール製の座席になる。

エンターテインメント

コモンスクリーンによる映画の上映（英語、中国語字幕）や音楽チャンネルが楽しめる。機内誌「air macau」をはじめ読み物が豊富なので、熟読必須！ マカオのエンターテインメント、グルメ、ショッピングと、最新情報をチェックしているうちに、あっという間にマカオ上空だ。

機内食

エコノミークラスの機内食を実食。日本発便は、日本で調理された中華風と和風のお料理から選べるほか、特別食の用意も。マカオ発便は近隣の工場から届くので、でき立てのおいしさが楽しめてお腹も満足。名物のマカオビールを飲みながらゆっくり過ごそう。

©AIRBUS

マカオ旅が楽しくなる
航空券の購入や
問い合わせはこちらまで。
https://www.airmacau.jp/

協力 機体写真提供：マカオ航空

マカオ航空スタッフおすすめ！あんな店、こんな店。

早朝でも便利

Noodle & Congee

1本麺が圧巻の「山西麺」やお粥がおすすめ。24時間営業なので、早朝勤務のキャビンクルーにも重宝されている。

MAP ▶ P.141 M35

仲間と賑やかに

Miramar

コロアネで南欧風の雰囲気、潮風を感じられるシーフード料理。仲間との語らいがおいしさのエッセンス。

MAP ▶ P.142 R43

A Lorcha

現地の人や観光客に大人気店。ローカル感があり、安くておいしいのが魅力。シェアしながら楽しめる。

MAP ▶ P.141 N37

お土産ならばこれ！

イワシの缶詰

ポルトガルのオイルサーディン缶詰がおすすめ。パッケージがかわいらしく種類も豊富。専門店やスーパーで購入可能。

料理を掲載した店舗リスト

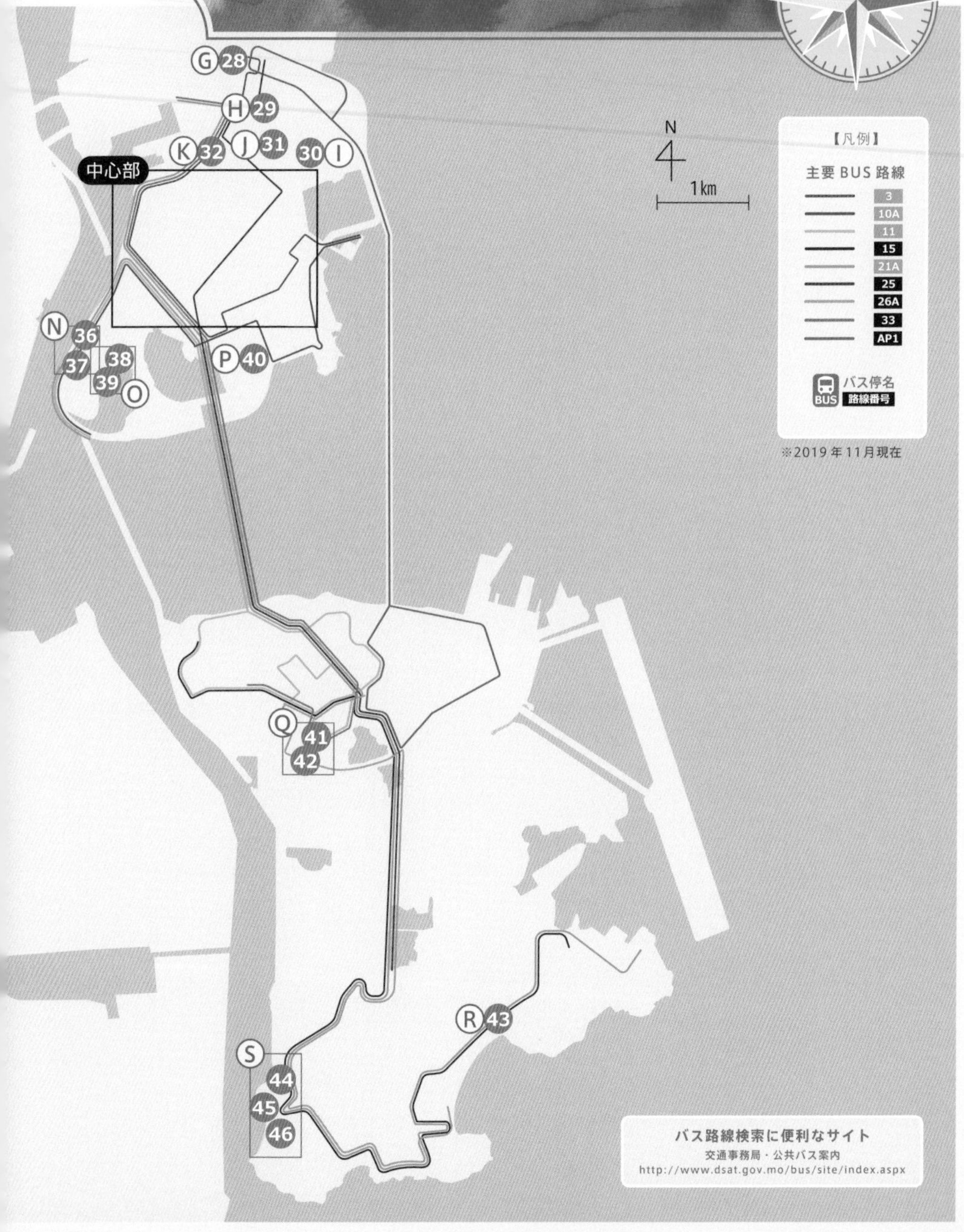

バス路線検索に便利なサイト
交通事務局・公共バス案内
http://www.dsat.gov.mo/bus/site/index.aspx

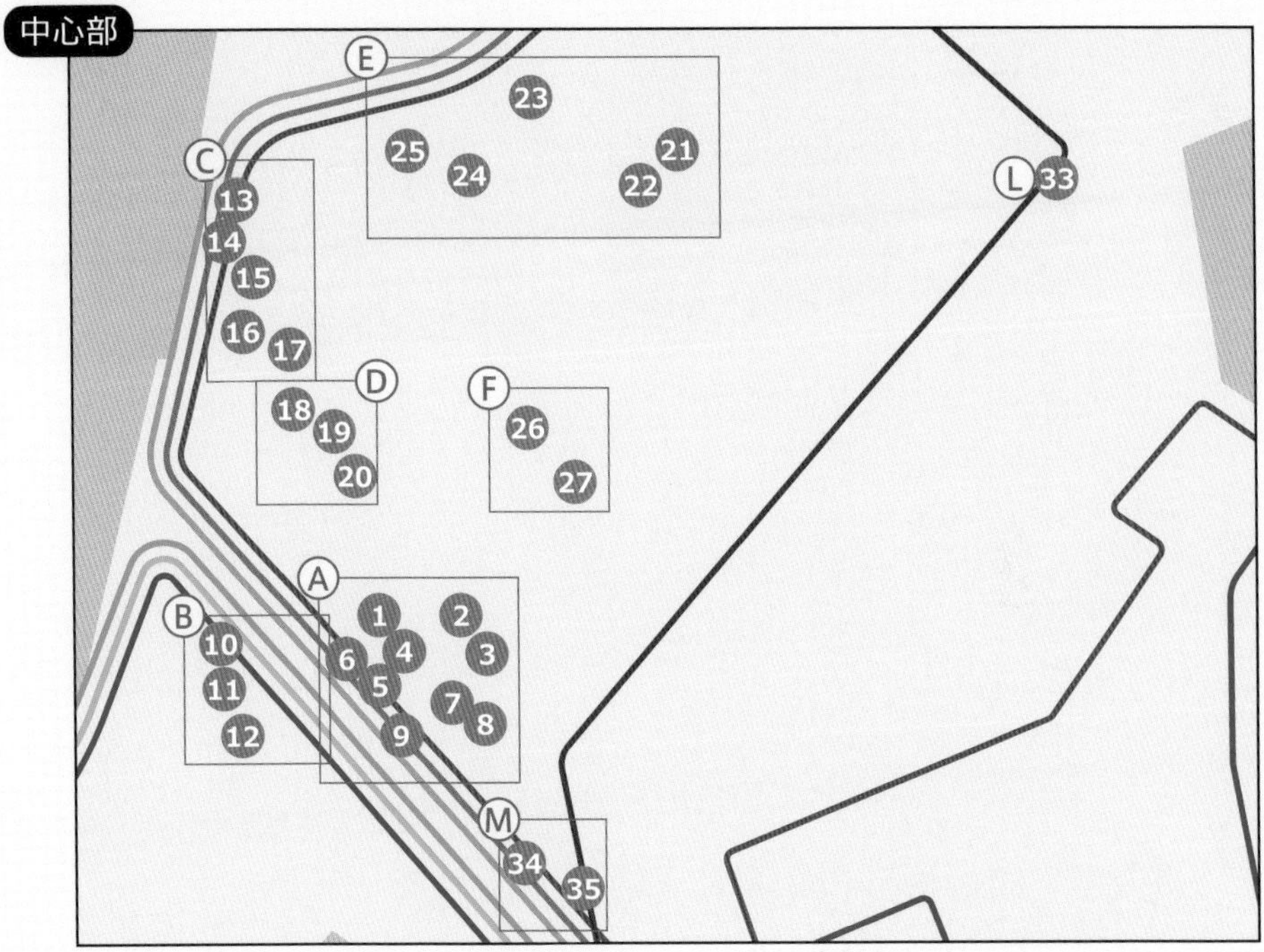

店舗リスト

旅するには全体の位置関係や方向の把握が大切。ということで、まずは全体マップで場所をチェックしよう。地図上にある番号と下の店番号が対応している。各店舗の詳細は次のページから。

1. 金馬輪咖啡餅店
2. 小上海
3. 恆友
4. 池記麵家
5. 營地街市
6. 發嫂養生磨房
7. Pastéis de Chaves / 酥富匙
8. 武二廣潮福粉麵食館
9. 潘榮記
10. 保健牛奶公司
11. 百家昌涼茶
12. Belos Tempos / 老地方
13. 六記粥麵
14. 楊枝金撈甜品
15. 牛記咖喱美食
16. 喜臨門麵家
17. 倫記軟滑腸粉
18. 南屏雅敘
19. 榮記荳腐麵店
20. 文藝門
21. 雅馨緬甸餐廳
22. 馬慶康南天咖啡店
23. 宏記小食店
24. 永樂雞絲翅
25. 新英記咖啡麵食
26. ALBERGUE 1601
27. 禮記雪糕
28. 新老地方美食
29. 一哥美食
30. 師傅仔美食
31. IFT Educational Restaurant / 旅遊學院教學餐廳
32. 龍華茶樓
33. Riquexó / 利多餐廳
34. 陳光記燒味飯店
35. Noodle&Congee / 粥麵區
36. 贏到粥
37. A Lorcha / 船屋葡國餐廳
38. Henri's Galley Maxim / 美心亨利餐廳
39. 亞利咖喱屋
40. Dom Galo / 公雞葡國餐廳
41. Rico's Est de Comida / 富仕葡式美食
42. Restaurante Litoral Taipa / 海灣餐廳氹仔分店
43. Miramar / 海景餐廳
44. 路環漢記咖啡
45. Lord Stow's Bakery / 澳門安徳魯餅店
46. 橋記咖啡美食

掲載店舗の詳細情報

【表記例】
マップ掲載番号
店名
ひとことメモ
住所
電話番号
営業時間
定休日（旧正月など特別な休日は含みません）
掲載ページ

N

※マップは基本的に北上です。個別マップの縮尺はそれぞれ違います。
※距離感はP.134の全体マップをご参照ください。

移動はバスが断然便利！　往路、復路、巡回線があり、縦横無尽に使える。ただし、往路と復路でバス停名が違ったり、行先の進行方向によっては遠回りになったりすることもあるので要注意。バス停にある路線図を確認しよう。徒歩で移動しやすい場所も多い。

Ⓐ

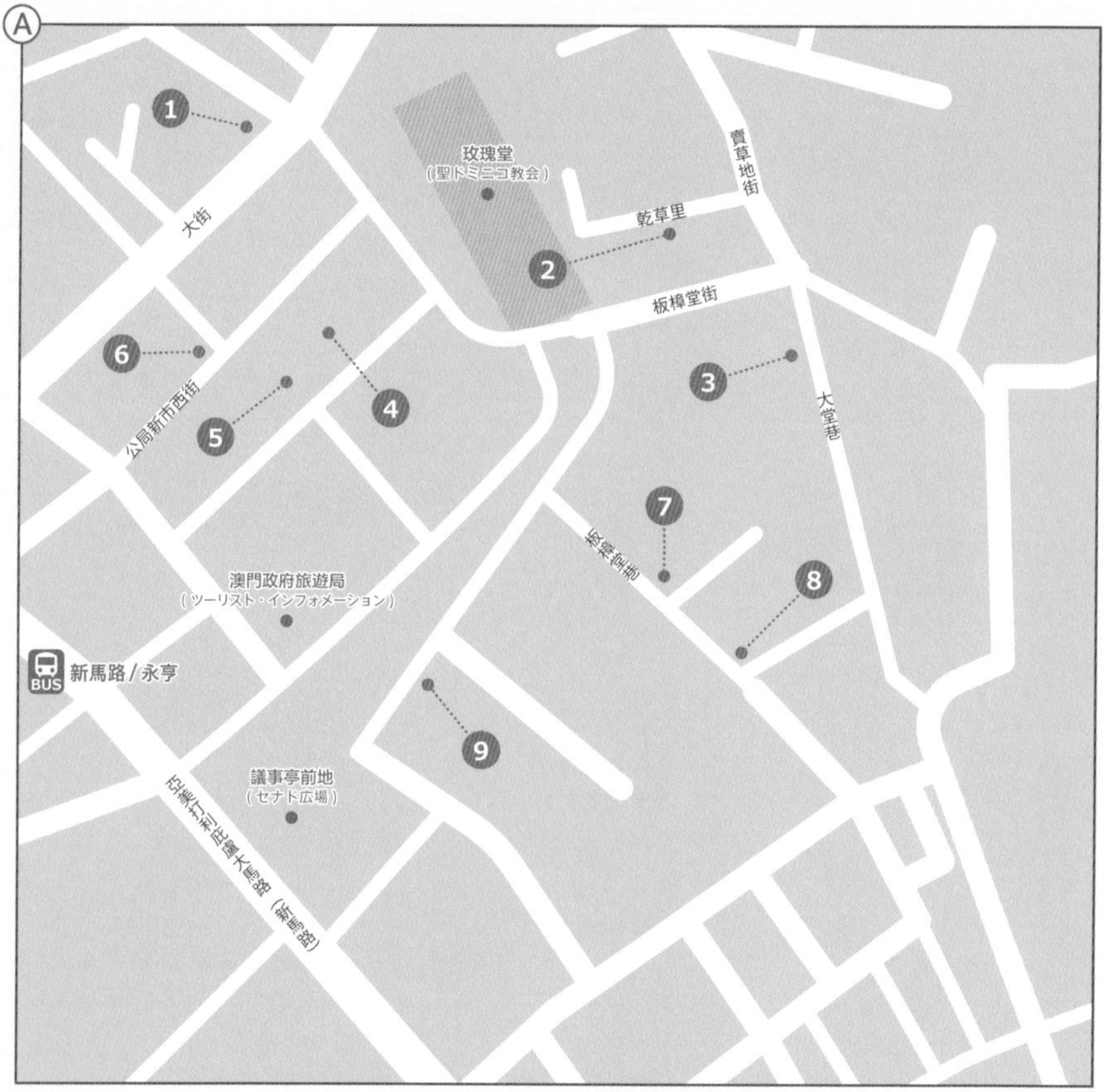

2 小上海

散策が楽しいエリア。賑わう通りから路地裏すぐ。
賣草地圍3號地下
853-2835-5039　11:00～21:30　無休
P.106

1 金馬輪咖啡餅店

世界遺産「セナド広場」近く。大通りからも行きやすい。
營地大街50號地下
853-2857-2385　7:00～16:30　木曜定休
P.88

B

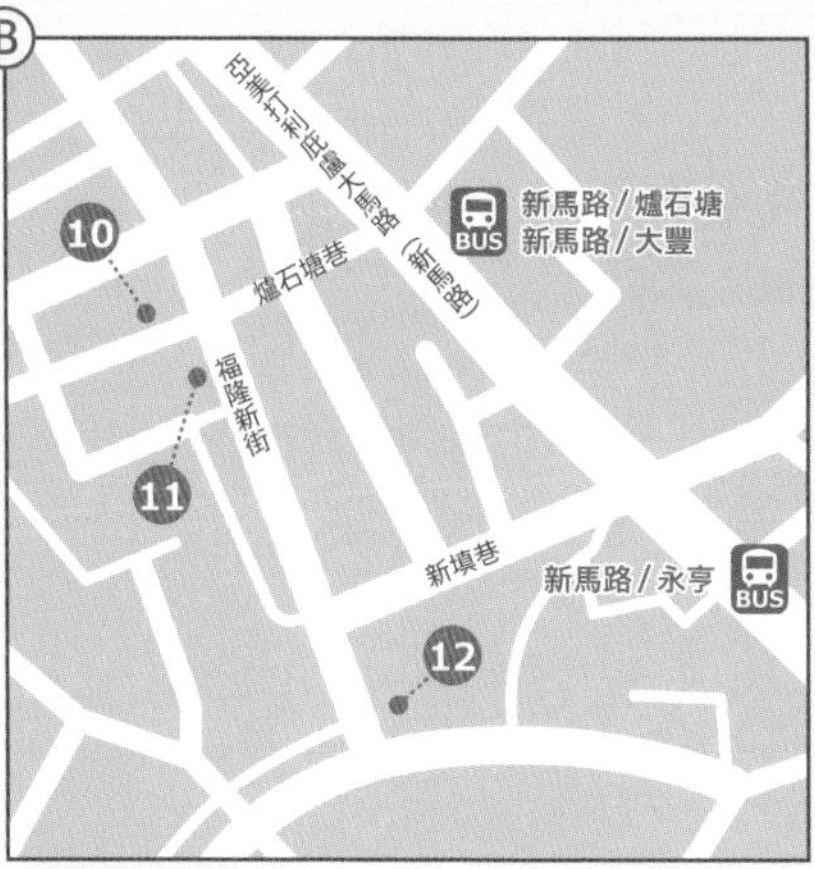

10 保健牛奶公司

観光客が多い福隆新街は、バスや徒歩での移動が楽。
福隆新巷 4 號地下
853-2893-8391　12:30～22:00　無休
P.114、126

11 百家昌涼茶

多路線のバスが行き交う大通りから行きやすい。
福隆新街 63 號地下
853-6643-9006　12:00～深夜 2:00　無休
P.127

12 Belos Tempos 老地方

福隆新街の奥まで進む。独特な世界観のあるエリア。
福隆新街 10 號地下
853-2893-8670　12:00～15:00,17:00～21:00　土日 12:00～21:00　月曜定休
P.43、48

BUS 新馬路／爐石塘
新馬路／大豐
3　10A　11　21A　26A　33

3 恆友

賑わう通りから大堂巷の路地を入ってすぐ。
大堂巷 6 號地下
853-6650-8211　10:00～深夜 0:00　無休
P.90

4 池記麵家

「營地街市」内。エスカレーターで 3/F へ。
營地街市市政綜合大樓 3 樓
電話番号なし　7:30～18:00　不定休
P.23

5 營地街市

現地の人の台所的存在の市場。「セナド広場」すぐ。
營地街市市政綜合大樓
853-2893-3419　7:00～20:00（店舗によって異なる）
無休
P.29

6 發嫂養生磨房

「營地街市」と向かい合う細い路地。すぐ目の前。
公局新市西街 18 號地下
853-2835-5329　9:15～21:45　無休
P.123、124

7 Pastéis de Chaves／酥富匙

似たような石畳の路地が多い。坂の途中にある。
板樟堂巷 5 號地下
電話番号なし（Facebook メッセージにて対応）
10:00～18:30　火曜定休
P.107

8 武二廣潮福粉麵食館

坂になっている路地の上方の角。
板樟堂巷 13 號地下
853-2833-8439　8:30～21:00　無休
P.20

9 藩榮記（屋台）

大通りから「セナド広場」に入って右手。「仁慈堂」前。
議事停前地
電話番号なし　13:00～17:00（売り切れ終了）　不定休
P.93、125

BUS 新馬路／永亨
3　26A　33

17 倫記軟滑腸粉

隣接の商店街から少し外れる。ビニールカーテン目印。
沙梨頭沙欄仔街 26 號地下
853-2895-6563　7:00～23:00　火曜定休
P.102

BUS 海邊新街
3　26A　33

BUS 沙欄仔
18A

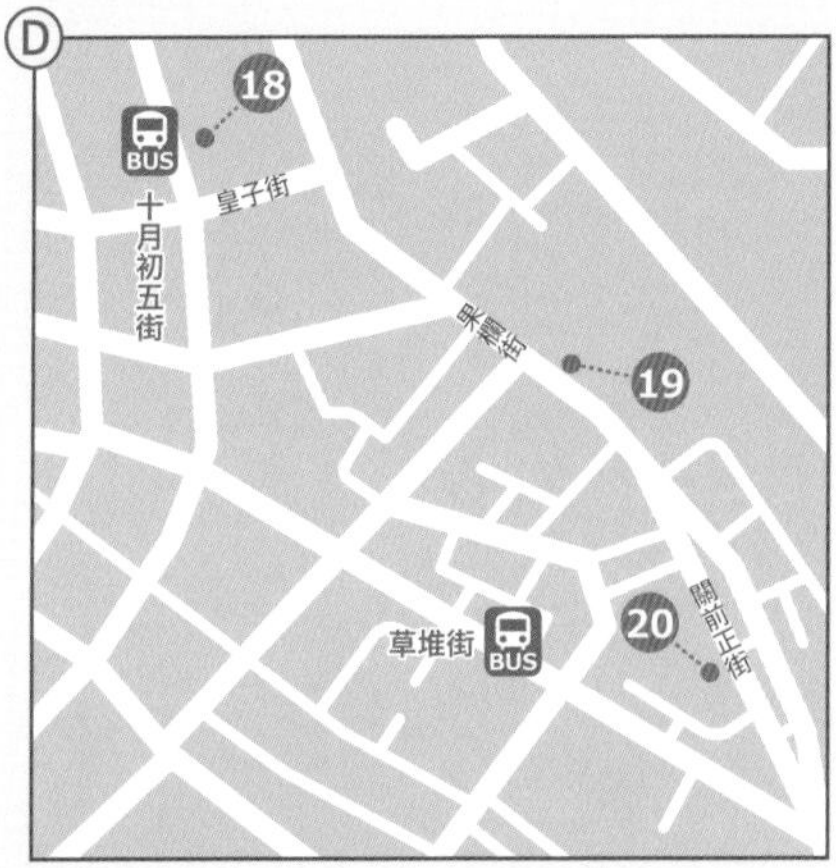

18 南屏雅敘

バス停すぐの商店街。淡いグリーンの店頭が目印。
十月初五街 85-85A 號地下
853-2892-2267　6:30～18:30
5/1、10/1 休み
P.101、120

19 榮記荳腐麵店

観光地から続く路地裏を散策しながら訪れたい。
果欄街 47 號
853-2892-1152　8:00～18:30　無休
P.18

20 文藝門

周辺は新旧店が混在する路地裏の商店エリア。
關前正街 42 號地下
853-6345-6588　月 - 木 11:30～20:00　金 - 日 11:00 ～ 20:00　無休
P.126

BUS 十月初五街
18

BUS 草堆街
18

13 六記粥麵

バス停のある大通りから 1 本入った内港すぐの店。
沙梨頭仁慕巷 1 號地下
853-2855-9627　18:30～深夜 2:30　無休
P.26、28、40

14 楊枝金撈甜品

内港からの風が心地よく眺めの良いエリア。
爹美刁施拿地大馬路樂斯大廈 31 號 B 地下
853-2895-0543　15:00～深夜 3:00　無休
P.118、119

15 牛記咖喱美食

商店街の端っこ。大通りからも店舗が見える。
十月初五街 1 號地下
853-2895-6129　8:00～深夜 1:00　無休
P.27、74、84

16 喜臨門麵家

古き街並みの商店街。軒先まで麵が並ぶ。
十月初五街 38 號地下
853-2857-6865　8:30～19:00　無休
P.76

E

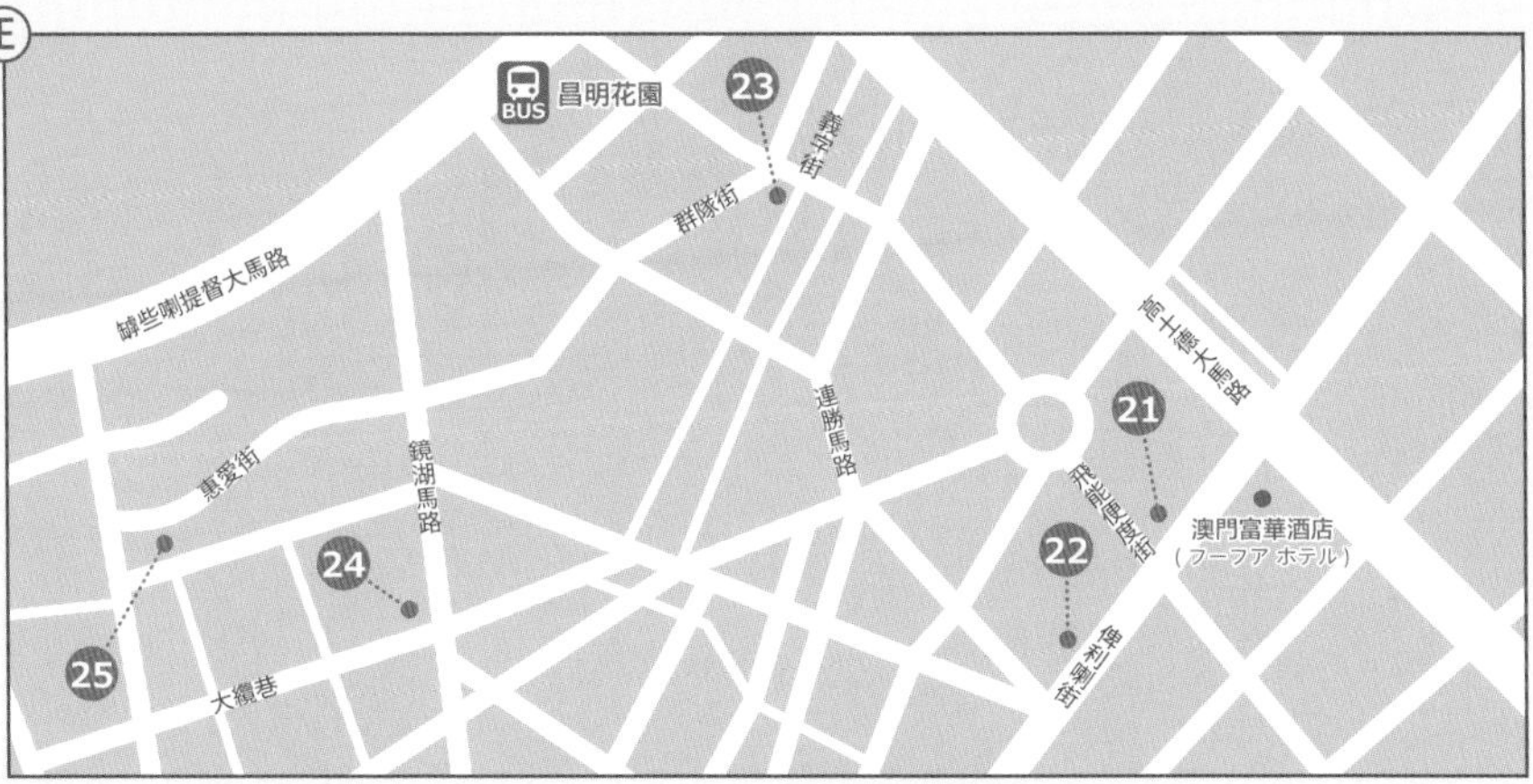

21 雅馨緬甸餐廳

商店街沿いではあるが、店舗はビルの中にある。
新橋飛能便度街 27 號 F 地下
853-2852-8129　7:30～17:30　不定休
P.82

22 馬慶康南天咖啡店

賑やかな商店街の一角にあり、店も見つけやすい。
新橋俾利喇街 65 號 A 地下
853-2859-0161　7:30～18:00　不定休
P.32、96

23 宏記小食店

義字街からも近い軍隊街の賑やかな通り沿い。
群隊街 30 號
853-6359-0278　8:00～19:30　不定休
P.57

24 永樂雞絲翅（屋台）

隣接の映画館もレトロな趣。屋台のパラソルが目印。
大纜巷 23 號永樂電影院側
電話番号なし　16:00～19:00(売り切れ次第終了)
不定休
P.104

25 新英記咖啡麵食

大通りから昔ながらの食堂が点在するエリアへ。
沙梨頭惠愛街 2B-2C 號地下
853-6223-7828　7:30～17:30　無休
P.93、100、126

BUS 昌明花園
3　6A

F

26 ALBERGUE 1601

最寄りのバス停からラザロ地区を散策しながら目指すのも良い。
瘋堂斜巷 8 號仁慈堂婆仔屋
853-2836-1601　12:00～15:00(L.O.14:15)　18:00～22:30(L.O.21:45)　土、日 15:00～18:00 はアフタヌーンティー　無休
P.41、43、75、122

27 禮記雪糕

中心部のバスターミナルからも徒歩で行ける。
荷蘭園大馬路 12 號地下
853-2837-5781　11:00～19:00　無休
P.121

BUS 東望洋斜巷
28C

28 新老地方美食

最北端。大通りから 1 本入り椅子に座る行列が目印。

黒沙環關閘馬路 64 號泰豐新村三座地下 P 舗

853-2843-5064　18:00～深夜 3:00

無休　P.53、105

G

關閘總站（地下バスターミナル）
BUS 3 25 AP1

29 一哥美食

大通りから入り込んだ路地にあるが賑わうエリア。

黒沙環第七街 8 號 C-D 舗

853-2841-3336　19:00～深夜 3:30

無休　P.42、64

H

三角花園
BUS 9A

黒沙環馬路
BUS 28B

30 師傅仔美食

ローカルエリアなので、バスの降り間違えに注意。

黒沙環東北大馬路東華新村第 12 座 B 舗

853-2845-4735　18:00～深夜 3:00

無休　P.66、67

I

東北大馬路 / 海濱
BUS 2A 18A 34

東北大馬路 / 東華
BUS 2A 18A 34

31 IFT Educational Restaurant 旅遊學院教學餐廳

丘の上にあるため、バスではなくタクシー利用でも。

望廈山

853-8598-3077　12:30～15:00

(L.O.14:30)　19:00～22:30

(L.O.21:30)　土、日、祝日定休

P.50、59

J

望廈炮台
BUS 25

32 龍華茶樓

市場の活気あるエリア。バスも利用しやすい。

提督市北街 5 號 1 樓

853-2857-4456　7:00～14:00　無休

P.39、98

K

高士德 / 紅街市
BUS 6A 32

33 Riquexó 利多餐廳

中心地からよりも、北部散策の際に回った方が便利。
士多紐拜斯馬路 69 號地下
853-2856-5655　12:00～21:30
無休　P.54、55

BUS 鮑思高球場 6A 23

34 陳光記燒味飯店

中心地にあり、周辺を散策するにも便利。
南灣羅保博士街 19 號地下
853-2871-0378　9:00～ 深夜 1:00
無休　P.24、36、56

35 Noodle&Congee 粥麵區

バスターミナルの目の前。マカオの中心地。
南灣葡京路新葡京酒店 2 樓上層
853-8803-7755　24 時間営業　無休
P.132

BUS 亞馬喇前地 3 10A 11 21A 25 26A 33

36 贏到粥

バス停のある大通りから路地に入るので要注意。
下環河邊新街 278 號豐順新邨第 3 座地下
M,K 號舖
853-2896-7899　18:00～ 深夜 2:00
無休　P.70

37 A Lorcha 船屋葡國餐廳

店の目の前にバス停がある。近くには世界遺産も。
媽閣河邊新街 289 號 A 地下
853-2831-3193　12:30～15:00
18:30 ～ 23:00　火曜定休　P.133

BUS 媽閣廟站 10A 11 21A

38 Henri's Galley Maxim 美心亨利餐廳

バス停からすぐ。湾沿いでロケーションが良い。
西灣民国大馬路 4 號 G-H 地下
853-2855-6251　12:00～22:00
(L.O.21:30)　水曜定休　P.58、68、73

39 亞利咖哩屋

38 の隣。緑色の店舗がわかりやすく目印になる。
西灣民國大馬路 4 號 K 地下
853-2855-5865　12:00～23:00
無休　P.38、87、92

BUS 民國馬路 / 西灣湖 9

40 Dom Galo 公雞葡國餐廳

巨大ホテル群の外れ。整備された街並みが続く。
宋玉生廣場倫斯泰特大馬路 36 號地下
AF-AG 舖
853-2875-1383　12:00～23:00
無休　P.43、59、126

Ⓢ

44 路環漢記咖啡

メイン通りから外れた 1 本道をひたすら進むべし。
茘枝碗路 26 號地下
853-2888-2310　8:00～18:00　水曜定休　P.22

45 Lord Stow's Bakery
澳門安徳魯餅店
バスの停留所「恩尼斯花園」広場すぐ。
戴紳禮街 1 號地下
853- 2888-2534　7:00～22:00　無休　P.116

46 橋記咖啡美食

「聖フランシスコ・ザビエル教会」脇の路地裏にある。
路環入便村 7 號地下
853-2888-2139　7:00～16:00　祝日休み, 夏休みあり
P.25､89

BUS 路環警察訓練營 - 2
15　21A　25

BUS 路環市區
25

Ⓠ

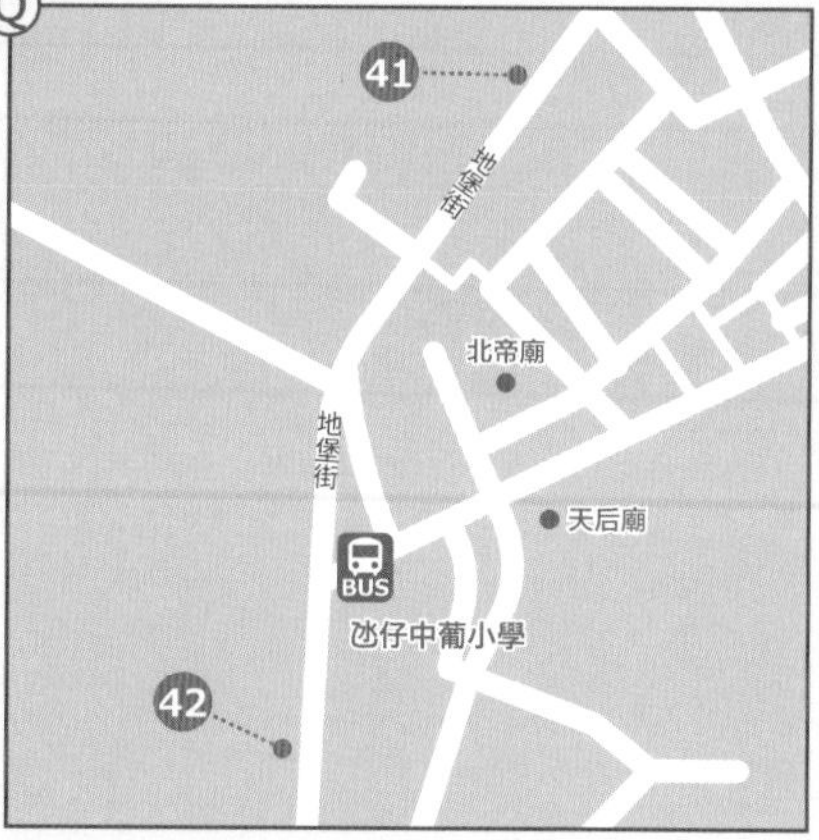

41 Rico's Est de Comida
富仕葡式美食
「官也街」の外れ、住宅街が交じるエリアにある。
潮州街 173 號地下 X 座
853-2888-7654　11:00～15:00　18:00～23:00
水曜定休　P.34､52

42 Restaurante Litoral Taipa
海灣餐廳氹仔分店
「官也街」の中心から少し離れるが、徒歩圏内。
地堡街 53-57 號地下
853-2882-5255　12:00～15:00　18:00～22:00
無休　P.72､86

BUS 氹仔中葡小學
11　15　33

Ⓡ

43 Miramar
海景餐廳
「Grand Coloane Resort」の脇の坂を下る。
黒沙海灘黒沙馬路
853-2888-2601　11:30～15:00(L.O.14:30)
18:00～23:00(L.O.22:00)
土､日 11:30～23:00　無休　P.133

BUS 鷺環海天酒店 -2

ごちそうさまでした。

○ 著者　伊能すみ子
○ 編集　株式会社エディポック
○ 撮影　久米美由紀
○ 装丁・デザイン・マップ制作　横田光隆
○ 現地コーディネート　Julia CHAO(ジュリア・シュウ)

そのほか、マカオでお世話になった友人、知人、店のスタッフのみなさま、
ご協力いただいたすべての方々に、心からの感謝を込めて。

＜著者プロフィール＞
伊能すみ子
アジアンフードディレクター／ 1 級フードアナリスト。民放気象番組ディレクターを経て、食の世界へ。メディアを中心に飲食情報の提案やアジア各国料理の執筆、講演、レシピ制作などを行う。毎年、アジア諸国を巡り、屋台料理から最新トレンドまで現地体験の情報発信、イベント等を開催。2019 年マカオ政府観光局「MEDIA AWARDS 2018」ブログ部門受賞。

地《じ》元《もと》っ子《こ》、旅《たび》のリピーターに聞《き》きました。
マカオ行《い》ったら これ食《た》べよう！

2020年1月24日　発　行　NDC 292

著　者　伊能《いのう》すみ子《こ》
発行者　小川雄一
発行所　株式会社 誠文堂新光社
〒113-0033　東京都文京区本郷 3-3-11
[編集]　電話 03-5805-7762
[販売]　電話 03-5800-5780
https://www.seibundo-shinkosha.net/
印刷所　株式会社 大熊整美堂
製本所　和光堂 株式会社

ISBN978-4-416-52024-6